庐山禅行

杨振雩 著

图书在版编目（CIP）数据

庐山禅行／杨振雩著．一北京：生活 · 读书 · 新知三联书店，2020.1
ISBN 978－7－108－06650－3

Ⅰ．①庐…　Ⅱ．①杨…　Ⅲ．①禅宗－人生哲学－通俗读物
Ⅳ．① B946.5-49

中国版本图书馆 CIP 数据核字（2019）第 167985 号

责任编辑　黄新萍
装帧设计　刘　洋
责任校对　曹秋月
责任印制　徐　方
出版发行　生活·讀書·新知 三联书店
（北京市东城区美术馆东街 22 号 100010）
网　　址　www.sdxjpc.com
经　　销　新华书店
印　　刷　北京图文天地制版印刷有限公司
版　　次　2020 年 1 月北京第 1 版
2020 年 1 月北京第 1 次印刷
开　　本　710 毫米 × 1000 毫米　1/16　印张 19.5
字　　数　256 千字　图 131 幅
印　　数　0,001－7,000 册
定　　价　58.00 元
（印装查询：01064002715；邮购查询：01084010542）

自序

余志学之年负笈异乡，圆木警枕，时于“郭北”诵读，图其静也。一日晡时，卒然踣地，半晌方起。时“科考”在即，人恍惚若梦，余病矣。兄每于工余负我求医，仍低热不退。且去问巫，巫微启双目，輾然笑曰：“为阴兵所伤也。”遂铰楮为兵，于野地焚后乃瘥。

余甚异之，为“子不语”乎？为复“敬而远之”者欤？

及长，稍阅世，偶至寺庙，常感喟不已，竟莫名眼湿。尝游南康云居，见寺侧白果木，翳翳然直干青云，悲风萧索，如松风然，意气为之顿释。暗忖：“余岂有佛缘哉？”

中岁性耽山水。有长者劝曰：“汝既不时，曷不常近兰若？”味其意，吾若有所悟焉。

乙未秋，始参庐山诸寺，尤近山南栖贤，幸

得从祥浩法师游，从容浃洽，时晤叙竟日，孔慰我怀。但恨来迟，乃叹久溺俗中，狃于故习，流转尘劳不已。结驷连骑，何谓也？金玉满堂，何谓也？人自宝之，于我何涉？始知出离如脱屣之乐，复得返自然耳。

后，余常徙倚林下，浸润于梵呗；佛乐时翩然入梦；钟鼓之声，板磬之音，时萦于耳，初不暂离。余恬然自适，遂称乃此中人也。我且做个闲人，山道上行，北窗下卧，如何？

人亦有言，日月于征。年来渐就衰损，虑生死事大，未得透脱，试求诸寂寞之滨，思欲闻道而有诸己，然桑榆已近，尚可得乎？

前有宋荦，效苏轼慨然解带栖贤；后有金世扬，供《五百罗汉图》酬报山神。皆一时之佳话也。余虽不敏，讵敢望贤而踵其迹哉！然则何伤？亦留其雪泥鸿爪，聊以存念耳。

乃集栖贤寺所识诸事，皆林下之幽事也，属以成文，以为之记。

杨振雩　谨识

戊戌于浔阳

目录

云水禅心

因指见月

前言

日暮但闻钟

庐山较早就有“神仙之庐”之说，佛、道二教长期于此争锋，其中佛教尤为兴盛。在中国佛教史上，庐山具有独特的地位和影响。

东晋成帝咸康（335—342）初年，王羲之镇守江州。340年，他在庐山山南金轮峰下玉帘泉附近营造屋舍，养鹅，习字，游览山水。王羲之调离江州，临别时将屋舍捐赠给西域僧人达磨多罗为寺庙，是为“壮丽甲于山南诸刹”的归宗寺，为庐山首座寺庙。苏辙在吟咏归宗寺的诗中写道：“来听归宗早晚钟，疲劳懒上紫霄峰……佛宇争雄一山甲，僧厨坐待十方供。”

381年，慧远来庐山，“见庐山闲旷，可以息心”，便在西林寺旁筑龙泉精舍。386年，江州刺史桓伊始建东林寺。慧远住山36年，“迹不入俗，影不出山”，聚徒弘法，阐扬佛理，留下《庐山集》十卷。曾邀刘遗民、周续之、宗炳、雷次宗等120余人，成立白莲社。并传说因相送陶渊明和陆修静，而留下“虎溪三笑”的佳话。慧远所创立的净土宗，成为佛教中国化的一个重要标志。

唐宋时期，佛教在东晋南朝基础上得到发展，庐山佛教进入繁盛时期。其中，西林、东林、大林，并称庐山“三大名寺”；归宗、栖贤、万杉、开先和圆通寺，为庐山“五大丛林”。

从东晋到北宋（317—1127）800年间，佛教在庐山非常繁盛，文人有“僧屋五百住庐峰”“五百僧房缀蜜脾”之叹。整个庐山寺庙多达500处，少至300处。其中多为佛寺，远超道观数目。

清代戏剧家李渔为庐山简寂观抱屈而撰联，间接地描摹出当时的境况：“天下名山僧占多，也该留一二奇峰栖吾道友。世间好语佛说尽，谁识得五千妙谛出我先师。”

明代嘉定知州张率游历庐山，赋诗曰：“庐山到处是浮图，若问凡家半个无。只为渊明曾好酒，至今有鸟号提壶。”

栖贤寺是庐山古寺名刹，唐宋最盛，僧舍如蜂房，多至数百间；殿宇楼阁，檐牙高啄，星罗棋布；僧人具五六百人之多。

栖贤寺坐落于庐山南麓栖贤大峡谷，位于庐山市（原星子县）境内，东傍三峡涧，西依石人峰，北距牯岭、南去南康镇均为十公里，迄今已有1500多年历史。

南朝齐永明七年（489），咨议张希之在江州南23里建宝庵寺，开山祖师已不可稽考，隋末被废。

唐宝历初（825），给事中李渤捐献自己在栖贤谷的旧宅，于现址恢复宝庵寺，并礼请归宗智常禅师住持。智常禅师为纪念李渤曾在此读书，将宝庵寺更名为“栖贤寺”。

栖贤寺开法祖师智常禅师，系南岳二世法嗣，马祖道一法嗣弟子，唐元和年间（806—820）入住庐山归宗寺，“挺拔出伦，操履清约”，为时人所推重。后入住栖贤寺，春夏居栖贤，秋冬居归宗，平日来往穿梭于二寺之间。白居易与江州刺史李渤不时前往访谒。智常与李渤之间常有机锋哲辩，其中，“芥子纳须弥”成为禅林著名公案。

唐会昌年间（841—846），武宗毁佛，栖贤寺未能幸免，遂成废墟。

唐景福年间（892—893），寺名改为“护国栖贤寺”。南唐道钦禅师、智筠禅师先后住持寺庙，寺庙中兴。

《庐山志》曰：“南唐元宗（中主李璟）迁豫章时，常幸栖贤。”

南唐辛酉年（961），李璟乘坐龙船驶入星子落星湾，登临庐山游览三峡桥（观音桥前身）。李璟仍用御库二十万银两资助建桥，一时成为佛门盛事。新桥仍以“三峡桥”为名。在桥北栖贤寺侧建驻銮亭，寺后的观音岩改为“宴圣岩”，皆为李璟当时驻跸之所。

宋代，先后有智圆、澄湜、道坚、智迁、祖觉、晓舜、法秀和辩首座等高僧主法栖贤，寺院兴盛。

智迁禅师时，栖贤寺法务昌隆，声名远播，成为与归宗等寺庙齐名的“五大丛林”之一。宋代文学家苏辙应智迁之请，撰写《庐山栖贤寺新修僧堂记》，记述了元丰三年（1080）遭贬谪游栖贤的经过，更写下了对栖贤寺新修僧堂的一番感慨。

此记由苏辙撰文，苏轼书碑，堪称双璧，乃栖贤一绝，惜其文存碑失。

晓舜禅师住持栖贤时，有郡守来寺伐木，晓舜予以制止。郡守恼怒，寻隙构陷，晓舜被摈为民。后宋仁宗知晓此事，赐晓舜为僧，复住栖贤，并赐紫衣金钵。此后，栖贤寺香火一直很旺。

北宋大中祥符七年（1014），德朗和文秀二位和尚驻锡栖贤寺，取本地花岗石，请著名工匠陈氏三兄弟，经精心勾当，广泛募化，一座单拱石桥飞

从鄱阳湖落星湾眺望庐山

跨天堑，是为栖贤桥（后称观音桥）。其造型美观，结构坚固，气势恢宏，被叹为“神施鬼设，非人力所能为”。栖贤桥是我国江南现存古桥梁中，年代最早的纵列单券花岗石、榫卯结构的千年古桥，堪称桥梁史上的奇迹。

明洪武年间（1368—1398），栖贤寺因假币案被废为民宅。直到200余年后的万历年间（1573—1620），才恢复重建。

明正德九年（1514）冬，唐伯虎不堪王室倾轧，不事宁王朱宸濠，潜回老家苏州，途经星子，夜宿栖贤寺草庐，作《庐山三峡桥》图。

清顺治年间（1644—1661），天然函昰禅师入住栖贤寺，力主振兴，寺庙重又兴盛。

清康熙年间（1662—1722），奉天铁岭人金世扬，少游庐山，在栖贤寺读书，许下大愿：他年得志必酬报山神。后金世扬任江苏布政使，聘请名画家许从龙耗时七年，画成《五百罗汉图》200幅。将图运至庐山栖贤寺，赠予该寺，永久供奉。

1931年，蒋介石在观音桥小住，偕时任教育部部长吴稚晖前往栖贤寺礼佛，并于寺庙三门前的两棵红豆杉前留影。

抗日战争时，日军入寺劫掠《五百罗汉图》，因纵火焚寺，寺庙焚毁殆尽。

“文革”期间，栖贤寺再遭厄运，佛像被砸遭焚，僧人遭遣。寺藏八宝，除《五百罗汉图》外，有舍利子、漏沙锅、风宝筒、铜塔、白玉佛、玛瑙炉和玉带，丧失殆尽，可谓灾难空前。幸有僧众极力保护，《五百罗汉图》现存112幅，收藏于庐山博物馆，为国家一级文物。康有为盛赞此图“堪作‘庐阜镇宝’”。

历史上，文人墨客游三峡涧和栖贤寺者络绎不绝，且多有吟咏，留下宝贵诗文和石刻，不可胜数。

陆羽曾住栖贤寺，品评栖贤桥下方桥潭水为“天下第六泉”（又名招隐泉）；著名诗人黄庭坚在桥下题刻“三峡涧”；著名词人张孝祥在玉渊潭题写“玉渊”；朱熹知南康军时，曾七游栖贤谷，并于栖贤摩崖题志；汤显祖拟于栖贤寺再续莲社，可惜未果；著名爱国将领冯玉祥于玉渊潭书写《墨子篇》；等等。

清末，星子人姜泽恩题栖贤寺三门：“前赐紫衣，后留玉带，遗泽千秋传不朽；面朝五老，背傍七贤，壮观万古并称雄。”

此外，陈舜俞、周必大、李梦阳、徐霞客、袁宏道、黄宗羲和袁枚等，都在此留下了优美的诗文。

1995年，星子县批准修复栖贤寺。2004年初，南昌翠岩寺监院祥浩法师主持栖贤寺的重建工作。法师多方奔走，广结善缘，十余年中，从把茅盖头开始，至兴修入山公路，架造过涧桥梁，到宝殿耸起，佛像庄严，使往来僧俗食能具足，居有所安。

祥浩法师于翠岩寺镜定和尚座下剃发出家，在戒全长老座下承接临济正法眼藏，嗣沩仰十一代祖道一纯一法脉。

栖贤寺置法座，竖拂子，钟鸣板响，僧事无缺，已初具丛林规模。

清代诗人易顺鼎有诗，写出了栖贤寺的美妙意境：“最爱栖贤寺，青山隔几重。门前彭蠡水，屋后汉阳峰。云傍栖檐鸽，雷惊出涧龙。寻僧何处所，日暮但闻钟。”

钟鸣板响

寺庙一日

2014年4月的一天，十分晴好。我独自来到栖贤寺。

10点半左右，停好车。会客室没开灯，悄无声息，祥浩法师肯定不在里面。正思量时，只见法师从大殿拐角处快步走来，笑盈盈地双手合十，唤了我一声，说，我在寮房走廊看见您的车。走，喝茶去。

法师邀我就莲席，开始烧水泡茶。身边的小师父提醒说，马上用斋了。法师双目微合，细声说，不要紧的。

法师在资溪县待了八九天，前天才回来。那

里有座大觉山，山上有座庙，法师兼任那里的住持。大觉山寺庙的工程尚未竣工。法师说，我很希望有人来代我做这些事情，因能力有限，恐损折胜事。

茶过三巡，斋堂鸣楗，11点了。我随法师进入斋堂，坐下。上供的小师父从大殿回来，捧着供具。然后引磬响起，随后是木鱼声，用斋者合十诵唱。唱毕，起身礼佛，坐下，板凳移动，接着是碗筷声。几位居士提着饭或汤，端着菜盆，在条桌间来回穿行，挥动着长柄铁勺，为受斋者盛饭添菜。

饭后回茶室，法师已泡好了茶。我们谈了一会儿写作。法师还回忆了自己童年的两段往事。

那年，法师只有七八岁，祖母快不行了，大人让他去姑姑家送信。往返三四个小时的山路，回来时尽管天全黑了，但他照样走。有的地方还很险峻，也没事。可是，等到转入一个山窝，看到一个豆粒大的灯火时，奇怪的是，他却再也看不清路了。

法师说，那时家里点的是油灯，为了让菜油燃烧得慢一点，会特意将灯芯拨短一点。母亲在纺纱，他在一旁看书，光线那么微弱，也能看清字迹。

母亲常让他去砍柴。小孩子贪玩，不会老老实实地干，每回都要带去小人书或武打小说。天暗下来，一直盯着看，不费力就能看清字。可是等到把目光稍稍移开去，看看周围暗下来的情景，转眼再回到书本时，已经回不去了——再也找不着字了。

法师说，五色令人目迷，恰恰是各种或强或弱的外在光线，把我们本身所具的精微视力破坏了，让我们失去了在微明或者黑暗中辨别东西的能力。

这就如心性一般，它本自清净，为客尘所障而无明，只有舍伪归真，才能心似明镜，光洁如初。法师所言，其意莫非在此?

晚上，法师在三楼讲堂开示。听众有外地来的，还有从县城赶来的。在拜垫上，大家跟着法师礼佛，向历代祖师至心顶礼，然后法师开讲了。

法师说，他今天要“胡说八道”。我猛地一怔，心想，法师如此谦恭，叫我们情何以堪，如何坐得住？法师见众人困惑，便笑着解释道，“胡”者，佛教乃出印度之谓，古称域外僧人为胡人；“八道”，乃八正道也。一时听席冰释，气氛活跃起来。

由此，我联想到，一些出自佛教的词汇，原本意思是好的，最后却完全偏离了原有的含义。例如“道貌岸然”，原形容僧侣面相庄重，不知何时，竟用来形容伪君子的嘴脸。又如“回光返照”，是利用智光反省自身的一种修行方法，却成了一种临终时突然好转的不祥之兆。还有“因果报应”，原意为由此因得此果，善因得善果，恶因得恶报，后来被理解成遭恶报，成了一个贬义词。另外还有“头头是道”“空洞无物”等。

法师旁征博引，深入浅出，又结合亲身感受，娓娓道来，明白通晓。在座者，即使是老年女居士，也听得津津有味。

早课

翌晨，传来打板声。迷糊中，睁开眼，窗外黑魆魆的，大殿还沉浸在窅窅晦暝中，石人峰如剪影般挂在大殿上方。在深蓝色天空的映衬下，山脊上的古松如马项上的鬃毛，根根竖立，呈飞扬之势。

摁亮手机，才 4 点半。打板声由远而近，似乎从僧寮那边响起，一路响来。板声迂缓、柔和，但在清晨格外清晰，好像一位老者轻轻地謦欬，不忍惊扰他人。

一会儿，大殿檐下的雕花窗格中透出红光，照亮了游移不定、尚未离去的夜气。光线反射到高大的喜树叶上，使之犹如暗红色的花瓣。

隔壁房间开始有人说话。客寮的房门打开又合上。一时，走廊里响起脚步的杂沓声，以及整理衣衫的窸窣声。人们穿着藏青色的海青从喜树下经过，去对面的大殿，好像渡河抵达彼岸般，一一登上台阶，依次进入大殿。客寮一时安静下来，似乎全都倒空了，渡尽了。

上殿、过堂、出坡和坐香，是丛林四大佛事。

去上早课！我翻身起床，快速洗漱，走入场地。此时，四周高大的树木仍是黑黝黝的，像一个线条清晰的茧子，将寺庙包裹起来。北望，五老峰佝偻着，似乎还在昏睡中；向西，依次是含鄱口、太乙峰、九奇峰和汉阳峰，尚在静静地安眠。

此时，大钟被“当当当”地撞响了，钟声一层层地扩散开去，似乎上及天庭，天空的晦暗也随之被一点点冲淡。群山好像抖擞了一下，一时皆从梦中惊醒过来，聆听着钟声，目光聚集在它所生发的原点上。

大雄宝殿虽然尚在微明的光线笼罩下，但已是灯火通明。门前的香炉前，两位女居士在燃香礼拜，长衫上的带子垂向地面。此时，一队僧人身披袈裟绕过回廊，在钟声中鱼贯而入，轻快流畅。

大殿内，佛像妙相庄严，慈悲地俯视着人间。一位僧人利索地忙碌着，一一点燃佛龛前的灯盏或蜡烛。几名居士正默默地礼佛。

钟声歇处，一旁的鼓楼上，鼓声继之又起。

之后，僧人敲响了云板、引磬、鼓、木鱼和大磬。早课正式开始了，以唱诵为主，间以跪拜或绕佛礼拜。

斋后，我带了两本书，从长廊尽头去往寺后的石人峰。路两侧的灌木刚被砍过，很好走，只是有些陡，不小心也会被竹茬扎伤。才走了一刻钟，就到达峰顶，上面是一座用竹子搭建的塔楼。虽然算不上是一座真正的塔，但

五老峰

是能登高望远，谁又能说它不是一座塔呢？

祥浩法师说过，会在石人峰上建造一座塔。可见眼下这座竹塔仅仅是权宜之计。

空山不见人，但闻人语响。我登上平台，走到最后一级时，停住了。有人在上面诵经。他穿着米色的僧衣，戴着一顶酱色的僧帽、一副眼镜，盘腿坐在竹台上，脚边放置了一台小型收录机。

我再次抬头时，恰与他对视。他双手合十向我行礼，并念了一声“阿弥陀佛”。我也说了声，您好！他便继续念经。为了不影响他用功，我转身离开了。

不多时，年轻的僧人下来了，手里拿着一个蒲团、一本经书。他看了一眼我手中的书，有点严肃地问，您在看《六祖坛经》？我说，是的，我在读《六祖坛经》。我不知道是否早了一点，反正我在看《六祖坛经》。

金芙蓉

上

五老峰在栖贤寺的东北方向。看上去，它似乎遵循着一条合久必分的自然法则，由一座完整的山峰碎裂成五座独立的山峰。裸露的岩石像一只被掰开了的石榴，露出银白而晶莹的色泽。

五老峰虽为庐山第三高峰，却是最为险峻的山峰。我童年在鄱阳湖中的小岛上看到的，多半是五老峰。它就代表庐山，也就是俗称的“雷山”，似乎是雷霆作用下的一幅杰作。我一直以为那是庐山最高峰，不信还有别的山峰能同它比肩，甚至超越它。

参加工作后不久，我就去登五老峰，那是我第一次具有挑战性的冒险，攀登过程中充满莫名的兴奋，似乎在征服一座高不可攀的险峰。现在想来，不过是年少轻狂。

海德格尔说：“山脉是大地最远的使者。”

人们每每登上一座山峰，似欲睥睨天下，统率群伦，便冠之以“征服”二字，实则浅薄狂妄，充其量不过是以这种方式向它致敬罢了。

李白诗云：“庐山东南五老峰，青天削出金芙蓉。”以前，我不明白，分明是银色，而非金色，何来“金芙蓉”之喻？难不成他是浪漫主义诗人，所以描绘的对象就可以想当然，可以不准确？

可是，在栖贤寺，我终于找到了答案，明白了是自己无知。我曾于寺庙的不同位置见证了李白诗中的这一比喻，才知此言不虚。

每天清晨，五老峰最早迎接曙色，太阳照在山峰银色的山体上，立即“点石成金”，五老峰就像莲花的五个花瓣，简直是金碧辉煌，光彩夺目。

一次，在寮房的露台上，透过香枫的枝叶，我看到了这一绚丽的胜景。然后，超强的兴奋感又支持我一路疾走，来到大殿后面的树林。目光越过长廊绿色的琉璃瓦顶，我看到了五老峰的全貌：在大地上，在蓝天下，一朵硕大的金莲，纯净而圣洁，向天开放，堪称奇迹。

似觉不够，我又去登石人峰。半壁之时，从松树的缝隙中我看到，五老峰上那幕瑰丽的光影在做海潮般涌动，瞬息万变，仪态万方。

到达石人峰顶部，那朵金芙蓉便一览无余地呈现在眼前，连它们分岔重叠的侧面都涂上了金粉。这样一来，一朵莲花，恰成五瓣，全体毕现，熠熠生辉。

这让我联想到达摩祖师的偈子：“吾本来兹土，传法救迷情，一花开五叶，结果自然成。”

到了六祖，便印证了该预言：“一花”是指达摩祖师，或谓禅宗心印，

“五叶”就是禅宗的五个流派：沩仰宗、曹洞宗、临济宗、云门宗和法眼宗，后来临济宗下派生出杨岐、黄龙两宗，故称“五家七宗”。

栖贤寺开法演教者智常禅师，乃马祖道一的得意门徒，清振一时，美流万世。之后代有才人，群贤辈出，香火绵延不绝。栖贤寺现任住持祥浩法师，为临济宗第四十六世、沩仰宗第十二代，绍隆祖业，代佛扬化。

从这个意义上看，五老峰的佛教意味便变得浓郁起来。或许它就是达摩祖师“一花开五叶”在山河大地上的历历示现？又或许是释迦佛于灵山会上拈花示众、随手抛下的那朵莲花？

此时，阵阵晨风拂过，让人神清气爽。我久久凝视着五老峰，金芙蓉的意象越发让我感慨不已。进而又想，花瓣有了，要是还有璀璨的花蕊和精致的莲房，那就全了。

花蕊在哪里呢？肯定是有的，只是因为我站得不够高，看不见罢了。就像佛法博大精深，我由于修为不够，还不足以窥其万一。

正思虑间，目光不自觉地从五老峰下移，到山麓，到整个峡谷，直到眼下的栖贤寺。在太阳的照耀下，建筑物金黄璀璨，枫叶片片如举火。我突然想到，这不就是我在寻找的花蕊吗？

其实，五老峰不仅是栖贤寺的地标，在僧人的修行中，它几乎扮演着祖师的形象，人们望风而偃，视之为龟鉴。历代僧俗都会把五老峰和栖贤寺看作一个不可分割的整体，恰如莲花之于莲心，二者互为表里，相得益彰。

下

怀祐禅师，青原下五世，唐中期泉州人，嗣承石霜庆诸禅师。曾受业于福建九座山陈禅师。初居万载谢山，其道未震。后莅任栖贤寺住持，徒侣臻萃，对该寺有复兴之功，人称“谢山和尚”。

俯瞰栖贤寺

乾宁元年（894），唐昭宗旌崇道德，恩被泉石，赐栖贤寺门额，号“护国栖贤寺”。

有僧问：如何是五老峰前事？

怀祐禅师说：万古千秋。

僧问：如何是法法无差？

师答：雪上更加霜。

僧又问：如何是祖师西来意？

师答：井底寒蝉，天中明月。

高僧法语，如甘露法雨，令人受益匪浅，回味无穷。

五老峰前事，也即天下事，乃万古千秋所历人事。仰观宇宙之大，俯察品类之盛，尽管世事纷纭，万象森然，但万事不离其宗，难逃转头成空，只留下一个时间的躯壳而已。

法法无差，本性一如，恰似雪与霜，虽然所呈现的形态各异，但本质不出水性。法有万相，但本质相同，因而万法归宗。只是心若不生，则万法自泯。

雪上加霜，被形容为头上安头，角上加角，多此一举，法于法也多是大同小异，反复无别。黄檗希运禅师云：“不如当下无心，便是本法。”“唯直下顿了自心本来是佛，无一法可得，无一行可修，此是无上道，此是真如佛。”“但能无心，便是究竟。”

祖师西来意，是历代高僧寻绎不已的旨趣。从字面上看，是达摩大师来中土的意旨，实指达摩所传心法。历代祖师对此避而不答，或答非所问，如大梅禅师答“西来无意”等，乃有意截断问话者的思路，促其直探心源，留待学人参悟自性。

怀祐禅师于此却借可视意象，将它说个通透。“井底”可谓幽深，“寒蝉”满是秋意；“天中”可谓玄远，“明月”俱是澄澈。“井底寒蝉”必是孤清，“天中明月”定能朗照。此皆心法特性的具象称谓，其中有真意，似是天高地厚，光风霁月，自度度人，成己成物。

怀祐禅师终于栖贤，谥号“玄悟禅师”，僧塔刻“传灯”字样。

那年，西安有一位作家和画家结伴而行，来栖贤寺参访祥浩法师。作家费秉勋在一根形似手杖的小树根上，用漂亮的蝇头小楷默写了《心经》。画家雷全璋画了一幅画：一位手持禅杖的僧人，身穿僧袍，头顶上方是一株巨松，再远处是巍巍五老峰，下方是高岸深谷，大概就是三峡涧了。僧人敛目危坐，静心参禅。画家在松树上敷设了一层松针，使画面层次感更强，三维效果更突出。然后在山石上又点染了一些绿苔，画作就算完工了。细看，僧人有些面熟，大家便不约而同地望向祥浩法师，会心地笑起来。可是，最后题款时，画家竟搦管迟疑起来。

法师笑着看了我一眼，似乎我早就有了答案。我想了一下说：“五老峰下僧。”话音刚落，法师便击掌说了一声：“好！”就这样，画便题名为《五老峰下僧》。

花香见佛

黄昏，我从寺庙南面高大的苦槠树群旁走过，途经一片荒废的茶园，那里有两丛花，开得正盛。我蹲下来闻，香味清淡，并不浓烈。是金银花吗？从花形看，错不了。

它是我小时候特别熟悉的一种花。小学上学路上，一株大树上爬满了藤本金银花，精细，呈喇叭状，长长的花蕊，香气扑鼻。

正观赏间，满师手里拿着一根棍子走来，还是那身烟灰色的长衫。我喊了他一声，他站住了，四处观望。他视力不好，但耳朵灵敏。他看到我后，一边舞弄着棍棒，一边走近来。

我问，去练武吗？他说，不是，只是随便走走。我问他，这是金银花吗？他蹲下来，眼睛凑近薄暮中的花丛，左右找寻，上下闻嗅，半晌才直起身来，“哎呀”了一声，像是自言自语，呢喃着不知所云。

这丛花因为没有得到他的确认，变得身份不明。不过，我也没再追问了。

我请教了他一些东西，例如，“若见诸相非相，即见如来”“一切世间法都是佛法”等作何解？他都分别作了解释，但我听不太分明。他的甘肃天水话实在不好懂，有一部分语音没发出来，只有气声，只能看见嘴唇在蠕动。我敢肯定，他是说清楚了的，只是我没能听清。

我联想到黄山谷（黄庭坚，号山谷道人）问道的一段公案。黄山谷请求黄龙寺晦堂禅师指示佛法的入门精要，晦堂禅师曰：“只如仲尼道：‘二三子以我为隐乎？吾无隐乎尔。’太史居常如何理论？”黄山谷反复诠释，晦堂却说：“不是，不是。”山谷十分迷闷。一日山中踱步，此时暑气已退，凉意渐浓，满院飘荡着秋天的香气。晦堂便问：“闻到木樨香了吗？”黄山谷说：“闻到了。”晦堂说：“吾无隐乎尔。”就这样，黄山谷开悟了。

花本无语，唯香自溢。花从来不曾隐藏自己的芳香，能否闻到香味，却完全取决于闻者自身。佛法宛如花香，无所不在，如果舍近求远，就闻不到了。

奇怪的是，就在这时，我闻到了一股香味，是金银花的香气，幽幽的、淡淡的，虽不像记忆中那么浓郁，但金银花香却是确凿无疑的。我将目光转移到地上，幽暗中，白色的花朵似乎还很分明。

真妙，就在我们谈论佛法时，闻到了香味。同是那丛花，随着夜色渐重，花朵依次睡去；突然间，如得到天启般吐露了芬芳，令我称奇。

我想，无疑花一直在散发香味，而我只在那一刻才能闻到。那一刻，有个关节打开了，所以香味才涌进来。佛法的最终目的不过是求智慧、得开悟，佛智原本就在那里，一旦我们黑暗的心房打开，它就会来照亮。

花开见佛，花香亦见佛。

黄庭坚闻香开悟，而我距离开悟尚有十万八千里之遥，但我闻到花香却是千真万确的。

青青翠竹，尽是法身；郁郁黄花，无非般若。

老画家

那天，在客寮的三层露台，我眺望了一下五老峰，见南侧的一扇门里亮着灯，便随意走近去。不料门上却挂了一枚挡箭牌："正在工作，请勿打扰！"室内一位白发盈颠的老者正站在一个台子上作画。

正欲转身离去，为时已晚。老者透过门扇上的玻璃，侧过来看了一眼，就走下台阶来开门。他微露不悦。我说，就不打扰了。他说，既然来了，就看看吧。

他像警察似的站立一侧。我有些惶恐地走进去，不时留意他手里握着的画笔，担心他会杵我。

随后，我看到整面墙的千手观音像。尽管还是铅笔画的草图，但流畅的线条里已透出观音的美妙神韵。满满的慈悲，与乐拔苦，放光动地，让人意气顿消。

再看看老画家，虽不吭一声，但礼貌得像个侍者一般站立一旁，不知为何，愠色已然消退。我释然了。不过，我还算识相，只匆匆一瞥，就赶紧撤退了。因为他的画笔还紧紧地攥在手里，一股无形的力正主宰着他，如磁引铁般，拽着他去寻找那墙上的画布。

傍晚，正当我在庙场踯躅时，老画家结束了一天的工作，从楼道里走出来。他伸了一个懒腰，全身放松下来，面色变得十分和悦。

我们说了好一阵话。

老画家名叫孙秉山，70多岁，身体微胖，头发大多已白，略显长。他侧身指给我看他住的那间房。看来他是个直性子，刚一认识，就竹筒倒豆子，恨不能把什么话都说给我听。

他妻子比他小很多，是他的学生，也画画。孩子还小，才七八岁，读小学。他说自己曾到过普陀和峨眉等山，本想在那里的寺庙搞创作，结果缘分不到，都没待下去。

有人向他介绍栖贤寺，他来了，住了两天，觉得投缘，就住下来了，一住就是一年。他画大悲咒，画观音菩萨，画80多位菩萨，4米高，1.8米宽，画布材质是绢丝……

后来，在茶室喝茶时，我跟祥浩法师提及老画家的画。法师说，许从龙的《五百罗汉图》代表过去。不管它在哪里收藏，都不能割断与栖贤寺的联系。但我们不能停留在过去、吃老本，要创作出新的佳作来。

法师呷了一口茶，接着说，老画家来庙里，画了一幅草图，我一看佛像，像一股凉风泠然吹过，整个人立即安静下来。我决定请他画观音图。在画的过程中，我提出了自己的意见，他也同意我的观点，但在绘画上却没做相应的改动。啊，这是对的，假如我说什么他就画什么，没有自己的主见，不就成了一个画匠？还有什么创造性？

我说，是啊，老画家有自己的个性，绘画作品才会有个性。

法师说，是的。我也不随便带人上去参观，有的人达不到那个层次，进去就拍照，就乱发议论，对画家不尊重，对佛像也不够严肃。所以，一般不带客人上去。

我和老画家多在打板吃饭时见面，会有些简短的交谈。一次，他告诉我，来到寺庙后，感受完全不同，他感觉画佛教题材的画，就该在寺庙进行。在这里听着钟鼓声、诵唱声、念经声，特别是寺庙时时回荡的佛乐，心变得沉静，也变得无所住，容易进入最佳的创作状态。

想起来，那天我进他的画室，还注意到一个细节，他在书案上是焚了香的，檀香的青烟袅袅散开，让笔下的佛像更具神秘感。

于是，我问，每次画画是不是都要焚香？他说，是的，那是少不了的仪轨。我一直带着一颗虔诚的心与画中的人物交流，随着轻烟的飘动，你会感到他们是活的。

我又问，您念经吗？他说，念的。《金刚经》说：若见诸相非相，即见如来。这句话直接就可以指导作画。线条不是线条，而是诸佛；诸佛不是诸佛，而是菩提，是觉悟。

我说，画佛像有无典型性问题？他似乎极为反感这个主题，不提也罢，一提就冒火，只是看在我的面子上才忍住了。他说，压根儿就不存在典型性问题，那是胡扯，佛像完全是内心形象和感情的真实反映。

绘画之余，老画家在寺院主动干一些杂活，像工友一样卖力。用斋时，飘着白发的他常端着菜盆穿行在条桌间，给吃斋者一一加菜，面色和悦。

老画家原在京城一个工艺美术厂上班，曾到敦煌石窟临摹过佛像，遍访民间收藏、民间工艺，撰写了两部民俗方面的著作，还请著名红学专家周汝昌先生作了序。

击鼓

傍晚，在场地上同法师交谈，不觉夜色渐暗。正说话间，法师抬起手腕说，8点了，怎么还不打鼓？

话音刚落，鼓声就响起来。

暮色中，一位年轻的女居士从客寮出来，径直朝鼓楼跑去，她的衣衫款款飘动。从她鞋子白色的边缘可以看到，她从台阶上快步走上去。一会儿，鼓楼就亮堂起来。

此时，天上三五颗星分外明亮。

循着鼓声听去，时而如和风细雨，时而如电闪雷鸣；忽如排山倒海，忽如万马奔腾，可谓摄人心魄、震撼人心。我不知道鼓声是怎么敲出来的，何以如此奇妙动听。

我颇有兴味地问法师，是谁在敲鼓？法师得意地说，是崇满。果真是满师吗？这倒出乎我意料。法师看出了我的怀疑，就说，有人清中浊，有人浊中清，我看满师是浊中清。他的鼓技可为寺中一绝。

一旁的王居士说，这两天湿度大，要不鼓点还要清亮一些。晴天的鼓声很清脆，雨天有些沉闷。我说，哦，还有这样的差别？是的，他进一步补充说，雨天鼓面受潮，所以声闷，再加上空气中湿度大，传播起来也受影响。

鼓点刚收，东边钟楼上的钟声就应声而起。红色的灯光透过细小的窗格照出来，充满温馨。

随后，有人在钟楼高声唱诵起来。一声唱罢，钟声又起。他唱得洋洋洒洒，缥缥缈缈，根本不像早课时那么严谨，完全是一种浩叹，一种行吟，音调拖得老长。且唱且撞，好像夹叙夹议，长歌慢曲。

我曾向法师请教过钟鼓在寺庙的功用，明白钟声清新柔和，提起正念，代表佛法宏博广大，可传三千界内，可扬亿万神州，于法界一切众生均有化导之功，使其皆得智慧增长，烦恼销轻。

而法鼓气势宏伟，摧邪现正，表明法轮常转，弘法坚定，锲而不舍，从不间断退缩。就如《曹刿论战》中的战鼓的意蕴一样，难行能行，难忍能忍。一往无前，所向无敌。

晨钟暮鼓并非只是早上撞钟，晚上击鼓，其实，早晚都有钟鼓，只是先后次序不同而已，早上先钟后鼓，晚上先鼓后钟。晨钟则先紧后缓，暮钟则先缓后紧，共鸣一百零八数，表明断一百零八业。

老子说“大音希声”，最大的声音是没有声音，不可捉摸的。同时，我还觉得最大的声音，听来也是稀疏的。他是用“大音希声，大象无形”来对应“五色令人目盲，五音令人耳聋……”意为归真返璞，删繁就简。

对此，我在栖贤寺有切身的体会。钟鼓堪称大音，每一声响起，都要一层层地扩散开去，在寺庙中绕梁，在山谷中回响，在天宇中缭绕。余音袅袅，绵绵不绝，方称为“大”。等到第二声响起时，让人感觉已过去了几个世纪，以时空的无限旷远来比况人生的短暂和渺小，起到振聋发聩、指点迷津的作用。

一天晚上，8 点才到，我在房间听到了鼓声。先是几声前奏，有些散漫，似乎仅仅为了提示。我赶紧下楼。大殿前开了灯，照得前面一片明亮。我穿过场地，从侧边走上台阶。鼓楼有些幽暗。佛龛前油灯微弱，外廊的灯光映照出了佛像的轮廓，它们身披长衫，目光炯炯，在暗中发亮。

满师一如往常那样站立在幽暗中，像另外一尊佛，只不过他会动。他在不动声色地击鼓。方格窗口透进来的光线，恰好映出了他的上半身。满师专心致志地敲着，时徐时疾地敲着，沉浸在自己制造的声音盛宴中，不知身后有人。

他先是击打正前方的鼓面，然后，右手一边敲击一边上移，左手鼓槌则平贴鼓面，利用鼓面的振动，形成被动的捶击，发出的声音细碎而急促。他随时调节左手鼓槌的距离，鼓声随着与右手鼓槌的呼应而产生细微的变化。

然后，满师左手的鼓槌时而如扇面般展开，时而如时针般转动，音色也随之而变。等到完成了如是动作，双手便收回眼前，重又击打起来，再次上移。如此这般达四五次之多。

最后，满师散漫地击打三声，对面钟楼上的钟声便随之响起。满师这才干净利落地收回鼓槌，放在一个槽子里，走下台来。

他看清是我就笑了。我说，真好听！他说，没什么好不好。我问，是学来的吗？满师说，也学了，有些也是摸索的。我问，打鼓时也念经吗？他说，是啊，念《心经》。

随后，我又穿过场地，登上钟楼。在门口，我看见钟楼上地藏菩萨塑像的里侧，是一口大钟，有位僧人在唱诵着。他站在高台上，一手握在悬垂的木棒上，拖腔拖调地唱着，唱一声撞一下，周而复始。我暗想，当一天和尚撞一天钟，原来就得自这里，不由得笑了。

这些天，我真的被佛教音乐迷住了。听时，心里沉静下来，觉得书本是多余的，索性放下来，静静地听着，陶醉在那种特有的气氛中。感觉世界很远，人事很远，自我也渐远了。这大概就是陶渊明所说的“心远”吧。不是世界远去了，而是心远离了喧嚣。

清晨，我总是从早课的唱诵中醒来，感觉特别美好。仿佛那不是转瞬即逝的声音，而是永不消失的华藏世界，那里是可以让心得到栖息的乐土。我就那么一段一段地听将过来，感受洁净的水一波一波地洗濯身心。

佛乐以天元音为元音，分谷山音、海潮音和龙华音，发出时有观想。唱法分书、梵、道、艺、行等腔，内容多以赞颂诸佛菩萨，祈请、供养三宝为主。庄重美妙，意境高远，可调柔血气，摄受诸根，让人进入凝神静气的虔诚状态。

同时，佛乐也是佛的体现，可以表法。《楞严经》云："此方真教体，清净在音闻。"而六根中耳根的根性最利，是开悟的便利之门。

有一次，我在飞来亭读书时听到了大殿中传来的唱诵声。我似乎看到，那些美妙的音乐从黄色的墙体、红色的屋瓦中散发出来。它越过流水潺潺的山涧，穿过稠密的树丛。栖贤寺就像一个巨大的音箱，播放着天籁之音。它能很快抓住你的心，召唤你与之同行。

石人峰上诵经声

上

文殊菩萨圣诞日，在大雄宝殿做法事。

午后，祥浩法师带领大家去石人峰诵《金刚经》。每人都捧着一本黄封皮的小册子出发，大大小小，男男女女，逶迤而行。

从僧寮后进入登山口。开始的一段路较为平缓，大家有说有笑的。到了中段，都只顾得上爬山了。一个小男孩急于超过别人，反而从上方滚下来。几个女居士也多亏有人拽拉，才爬上陡坡。

沿途巨大的松树，造型优美，在国画中常可见其身姿，可是，它们都无一例外地惨遭刀割，大块的创口裸露着，像是无声的控诉。有居士告诉我们，这是早先人们为取松脂而将其割伤的。

有的松树还幸存着，如忍辱者般坚韧地活着。看上去，仍不改其高洁风姿，似无半点嗔恨。如佛昔为歌利王割截身体，佛说：“我于往昔节节肢解时，若有我相、人相、众生相、寿者相，应生嗔恨。”

有的松树承受不了大面积的创伤，枯死了，没了扇形的针叶，也没了龟裂的树皮，徒留下光秃秃化石般的躯干和枝条，像是形如槁木的苦行者。它们不只是近于栖贤寺才近于道，更因为它们已将自己布施净尽，连生命都布施了。

前后花去半小时，全体都登上了山巅。

那时还是一座毛竹搭成的简易竹台。法师点了五六个人，登上了竹台，其余的人都留在台下。台高十几米，走在竹编的台阶上，吱吱嘎嘎，摇摇晃晃。中途得偏着身子，闪过一截横伸过来的松枝。前方的人扯着嗓子提醒着：小心脚下，抓住扶手。

几分钟后，我们登上了顶。颤颤悠悠地站着，将信将疑地扶住毛竹做成的围栏，深深地吸了一口气。上面空气异常清新，四野无比开阔，令人心怡。

栖贤寺紧贴石人峰下，一下子缩小了好多，场地上停靠的车辆，像火柴盒那么大；斜穿场地的人，则如蝼蚁般爬行。

寺庙东邻栖贤谷，尽管看不见水流，尚能通过沿岸高大的乔木来判断它的流向。此时，缕缕山风吹过，阵阵松涛声传来，好像栖贤谷中淙淙的溪流声在山谷中回响。

放眼看去，东北方是五老峰，正北是含鄱口和太乙峰，西北是汉阳峰，南面是鄱阳湖。湖滨有个叫“斜川”的地方，是陶渊明雅集和饮酒的所在。群山怀抱之中，众水汇聚之处，就是著名的栖贤大峡谷。在众多的庐山峡谷中，它是仅次于康王谷的第二大峡谷。它像一只张开的巨大的贝壳，而位于峡谷中下段的栖贤寺，则像一颗珍珠镶嵌其间。

竹台在微微摇晃，四周只有几根筷子粗的铁丝固定在地面。一旦坍塌，后果不堪设想。我等虽喜爱《金刚经》，终究还未成就金刚不坏之身。

栖贤大峡谷

两位居士面有怯色。法师却镇定自若地撩起僧袍，席地而坐。他的镇静稳定了大家的情绪，大伙一一盘腿而坐，翻开了《金刚经》。

法师敲打着木鱼，开始念道："如是我闻，一时佛在舍卫国祇树给孤独园……"在座者都跟着颤抖着念起来。台子下方的居士虽然慢了一拍，也跟着念起来，上下声音汇合，立即变得整齐划一，随风飘下山去。

大家怕跟不上节奏，不敢走神，紧紧地盯住经文。渐渐地，大家放松下来，声音变得沉稳，不再感觉到害怕。

"……是故不应取法，不应取非法。以是义故，如来常说，汝等比丘，知我说法如筏喻者。法尚应舍，何况非法……"

一个小男孩用竹竿敲打着台面，发出"梆梆"的响声，身边的居士拉了他一下。孩子不满地回望一眼，不动了。

"……不应住色生心，不应住声香味触法生心，应无所住而生其心……"

念到这段令六祖慧能闻之开悟处，小男孩又敲打起来，"梆梆梆"，好像砍柴声。居士将竹竿夺过来，扔在一边。孩子气恼地垂下了眼帘。

"……不取于相，如如不动，何以故？一切有为法，如梦幻泡影，如露亦如电，应作如是观……"

小男孩慢慢移动屁股，小手终于够到了竹竿。他看了居士一眼，又试探着敲打起来。居士这回无可奈何，好在诵经已接近尾声了。

法师始终心无旁骛。

诵完经后，大家起身。这时蚊蚋"嗡嗡"，漫天飞舞。是刚才没注意到，还是诵经时才那么清净？不明何因。

下

史载："小山有石侍立如人者，石人峰也……石人峰在栖贤寺侧，山有石峰拳耸如人状。”

其实，石人峰上并没有石人，山的造型也不似石人。石人峰又称“狮子峰”，但它也不像一尊狮子。不知名从何来。从东面看去，倒像一座绿色的金字塔。

因其小，也因其普通，如果不是与栖贤寺有关，绝对不被地理史志所关注，更不会这么频繁地进入文人墨客的视野，入诗入文。

石人峰与栖贤寺相互依存，或者说它是栖贤寺的坐标。历史上栖贤寺大殿或朝东或朝南，屡有变动，均以石人峰为参照。可以肯定的是，石人峰的朝向从来不曾改变。

新的大雄宝殿坐北朝南，以五老峰和太乙峰等高山为背景，向南远眺鄱阳湖。而石人峰似乎成为无形的大佛做吉祥卧的一个山枕。

我向来把石人峰视为栖贤寺的一座后院，不知去过多少次。

起初，那里还只是一条简易的山道，登顶有些难度。有几段路十分陡峭，得倚杖而行，或者拽着道旁的树枝或竹根，或者握住上方伸过来的一只手，总之是要牵扯着点什么。一不小心，就会滑回原地，有可能鞋子被竹茬刺破，衣服被荆棘挂住。

石人峰举头可见，抬足可上。特别是后来庙里修了一条登山石阶步道，直上山巅，更是方便多了。山顶的竹塔后来也拆除重建了，换成钢管的，平稳多了，而且比以前更高，视野更开阔。

宋代苏辙在《庐山栖贤寺新修僧堂记》中写道：“石壁之趾，僧堂在焉。狂峰怪石翔舞于檐上，杉松竹箭，横生倒植，葱蒨相纠。每大风雨至，堂中之人疑将压焉。”虽然有些夸张，但石人峰近在咫尺却是真实的。

晚上，走出寮房，大殿上方的石人峰，像一位身穿大氅的力士，遮风挡雨，庇护着栖贤寺，成为这方净土最坚韧的守望者。

不管它是在溶溶的月色中，还是在蓝天下暗黑的剪影里，抑或是在飞驰的烟云里，甚至是裹在皑皑的白雪中，石人峰总是那么沉稳，那么刚毅，就连山脊上历经沧桑的松树，都那么挺拔、奇伟，给人以无比踏实和安稳之感。也许历代祖师就栖居其上，也未可知。所以对它，能不多生一份敬畏吗？

浴佛节

阴历四月初八，浴佛节，又称佛诞日。传说释迦牟尼降生时，一手指天，一手指地，大地因之震动，九龙为之沐浴。

这样的好日子不能错过，尽管早课已开始，我还是悄悄地加入礼佛的行列。佛教有一套仪轨，哪怕不懂，只要心诚，就应无大碍了。

饭后，一位女居士在大殿左侧插花，我去帮忙。将两个最大的花瓶抱下来，到大殿外面的龙首下换水，盛好水的花瓶很沉，准有 20 斤重。插上新鲜花，在台案上摆好。

浴佛节开始了，大殿钟磬齐鸣，唱诵随之而起。

这时，法师打电话给我，请我帮忙写字。不久就看到法师快步走来，捧着一个装有墨汁的小碗，拿了一支毛笔。原来浴佛节有居士做功德，法师让我把姓名、地址一一写于文疏上，要在浴佛法事上对佛披宣。

这次做功德的不少，我花了一个多小时才写毕。本想找人搬到大殿去，不料法师已匆匆走来，说，一会儿要帮佛陀太子像沐浴，您去参加一下吧？我说，我正想去呢。

大殿两侧，各有一队僧人缓缓向中部移动。中间临时搭建的一个台子上，释迦太子像指天指地，健朗地站立着，闪着耀眼的金光，壮实而可爱。

在严整的唱诵声中，以住持师父为首，僧人依次出列，来到释迦太子像前，从一个铁桶里舀起一勺用鲜花、水果、檀香调好的温热汤汁，朝释迦太子像从上至下缓缓淋下。

两侧的居士也依次跟进，共同浴佛。我排在一支队伍后面，随着队列缓缓移动。轮到我了。铁桶里的汤汁很稠。我用勺子舀起一些汁液，从铜像的顶部一点点淋下来，直淋个遍。浴后的佛像更加光洁，充满活力，亲切可爱。

这是一个有趣的、温馨的，同时又是一项十分庄严神圣的活动，它唤醒并增进慈悲喜舍的四无量心，与其说是浴佛，不如说是浴己，是一个自我洗礼、自我净化的过程。

活动持续了两个多小时。

结束后，有居士来请教小师父，剩下的汤汁可不可以喝？小师父说，可以，等吃午饭时再来吧。午饭时，有的居士没忘记到大殿里盛汤，他们相信，这些汤汁对身体大有裨益。

12点，举办放生活动。地点在星子县城南门湖边。

此时，太阳当顶，宛如夏日。紫阳堤前，摆满了信众从市场上买来的鲜活的水产，有鱼、鳖、黄鳝和青蛙等，或装入袋内，或养在桶中。

近百名僧众围着临时设立的香案，众位法师敲响了法器，诵唱道："杨枝净水，遍洒三千，性空八德利人天，福寿广增延，灭罪除愆，火焰化红莲……"大家便开始依着仪轨放生。

宗萨蒋扬钦哲仁波切在《八万四千问》中说："经论上说，放生——拯救其他众生的生命，拯救某个本来肯定要死或者过早死去的众生——是最高的有功德的行为。从这个角度可以说，放生比修建寺庙更有功德。"

骄阳之下，晒得不行，无处藏身。那些用来放生的活物也不宜久留，得赶紧放归，让它们到所从来的地方去。

大家快速坐上了四条渔船，出发了。我同祥浩法师共乘一船，他身穿长衫站立船头。宽阔的水面，有些风浪，船老大不时提醒着，别乱动，保持左右平衡。

北面黛色的庐山像张开的臂膀，环抱着这个小县城。向南是平缓起伏的丘陵。东南是白象似的沙山，山嘴处有座道观，叫老爷庙。庙前那个水流湍急的罂子口，将鄱阳湖这只巨大的葫芦分成南大、北小两部分。

渔船驶入的是著名的落星湾水域，落星墩就位于水域中央。古代有多少文人墨客在落星湾收帆靠岸登临庐山，不可胜计。三国时周瑜在此操练水军；朱熹和陆九渊在白鹿书院展开激烈的义利之辩后，曾于此徐徐泛舟，于影湛波平中回归平和；朱元璋和陈友谅大战鄱阳湖，这里曾是分晓成王败寇的主战场……

法师同我简短地回顾了一下历史。那些水生生物也就在不经意中一一放归水中。没有什么比“如鱼得水”用来形容自由自在更准确的了。它们算是得其所哉。

而人要活得如鱼得水，得通过修行和智慧，不是向外奔竞，而是求之于己，方能赢得一片自由的水域和天空。

文人画

那天傍晚，我跟老画家孙秉山在喜树下说话，有位客人从身边经过。老画家像记起什么似的跟我说，哦，对啦，我给您介绍一下，这位是乌博士。乌博士个头不高，脑门圆圆的，戴副眼镜，穿件西装短裤。

寺庙经常有书画家来访，他们在此体验几天寺庙生活，去周边采采风，留下一些墨宝，被栖贤寺收藏。正像西安的一位年轻女画家来此作画时所坦言的：现在的画家，都在千方百计地往佛教上靠。谁要不认识几位住持或者僧人，好像就不够有学问，绘画作品就缺乏深度似的。不知乌博士是否在此之列。

晚上，我又看见乌博士了，他在二楼尽头的厅堂画画，在云龙宣纸上画《三笑图》。过后我问老画家，乌博士这幅画怎么样？他脱口而出，好啊。我本以为同行相忌，没想到，老画家平素对乌博士甚为关照，颇具长者风范。能得到老画家的认可，也见出乌博士并非附庸风雅之辈。

稍晚，乌博士不画画了，手上的颜料也洗净了，包括老画家在内，我们都到茶室里喝茶。我们谈绘画，乌博士富有学识，但很谦逊。我请教了他一个问题：中国字画，是不是文人字画最有价值？

乌博士饮了一口茶，略一沉吟，说，也不见得。中国历史上就没有真正的文人字画，他们实际上都是士大夫。说话间，老画家起身，仓促走过，出去接电话了。乌博士列举了几个人物，我虽不能完全认可，但也不妨姑作一说。

让我意想不到的是，老画家回来时，似乎挟带着一股子较强的气流，白发翼翼飘起，脚步“噔噔”，径直来到乌博士面前，满脸愠怒地质问道，小乌，您刚才说什么来着？您说中国历史上不存在文人字画，是吗？

乌博士本能地向后避让，一手攥紧茶杯，显出难以招架的神情来，笑容有些僵硬地说，也不是，我是说，其实，那个……

不容他辩解，老画家就抢先说，谁说没有？王维不是文人吗？苏东坡不是文人？黄庭坚不是？还有唐伯虎？包括朱耷和石涛。他们在仕途上都走得不远，书画“外师造化，中得心源”，造诣极深，士大夫色彩并不浓，相反，他们彻里彻外都是文人气质。谁说没有？是您说的吗？

一时，乌博士像遭霜打般蔫然无语，在一旁只顾饮茶。

我有些尴尬，毕竟话头是我挑起的。为什么不聊点别的？为何要牵动这根敏感的神经？无非是打发一下时间。大家不过是偶尔相遇，缘来缘去，明日各奔东西，也许一辈子不再相逢呢。

此时，室内良久阒然无声。说实话，虽然老画家不免有些性急，但我还是很赞同他的观点，也理解他此刻的心情。他认同文人书画，实乃出于对古代文人风骨和情操的无限向慕，那是个如高大乔木般美好的群体。他们的书画不仅艺术品位高，而且还散发着无尽的道德芬芳。每想见其为人，恨不与之同时。相反，他对一般意义上的士大夫或官宦之流，极其鄙薄和厌恶。老画家是个爱憎分明的人。

第二天早上，我看见老画家和乌博士往玉渊潭方向散步，一高一矮，一胖一瘦，边走边谈，像师生般亲密。

手印

夏天的一个傍晚，我和一位居士去散步，正走出大殿前广场时，看见老画家穿过苦槠树林，匆匆返回寺庙。他说，你们快别出去了，一会儿放焰口，师父要打手印，机会难得。他脸上黑里透红，气喘吁吁，如救头燃。

的确机会难得。事先曾听过老画家对师父打手印的描述，并辅之以手势增强效果。他说师父的手印很精彩，须知，我对艺术家的审美眼光历来深信不疑。

焰口手印要求印、咒、观想三密相应，缺一不可。如果这三密不能相应，这场法事就成了有形无质的空壳，不能令亡灵及饿鬼得到法事利益，也会损害做法者的福德利益。

我们看到的手就是手，而艺术家看到的则是优美婉转的线条。老画家还有一个打算，想把法师的手印用线条勾勒出来，将这套珍贵的手语保留下来，以备来者，并希望我同他合作，配之以简洁的文字解读。我当然很乐意。

但是，我还是难以想象，一双手充其量也不过在弹钢琴、敲键盘时尽展风采罢了，还能有多少花样？何况是一双男性的手。

一会儿，南昌的范铁芳居士带着他的同事从客寮出来，脖子上挂着相机，手里还提了台摄像机。他问我，看过放焰口吗？我说，没看过。他也说，机会难得。我们一道朝大殿走去。

放焰口分设三个席位：一为当斋正荐亡灵席位，一为面然大士席位，一为寒林会上六道群灵席位。

此时，大殿已灯火通明。佛龛前放置的一张长桌上，摆满了各种水果盘碟，两侧各站立三位僧人。

十位师父各守其位。住持和尚主法，诵经台对坐分上下文、法器、香灯，还有司鼓师。

钟磬齐鸣，住持和尚身穿袈裟步入大殿，问讯、拈香、礼拜。之后，升座，头戴毗卢冠。维那师敲响了面前的木鱼和引磬。一时，大殿经声齐起，宛如潮涨。

之前，祥浩法师曾为我找来一本放焰口的仪轨经书，上面有很多经文和咒语。他告诉我，其中有一部分还是苏东坡写的，文字相当优美。现在经僧人一念，配以法器，果真朗朗上口，华美动听。

法事徐缓地进行着。当进入高潮，也是最精彩的部分时，法师开始打手印了。

法师的手印变化多端，形态各异，几乎没有重复的动作，完全出乎我的意料。

那不是一般的肢体语言，所表达的是古奥玄远的思想，挥斥八方，号令人天，是人与神灵之间的忘言交感，无声契谈。有时绵软如柔荑，有时刚毅如剑戟，有时柔曼如花落琼枝，有时明朗如杲日丽天。虎啸而风冽，龙骧而云起。时而云游八表之外，时而探究九泉之底。或许超度亡灵时，也是刚柔并济，恩威并用，上天入地，纵横捭阖。

法师有时结印加持水米、指画沙盘，有时振动宝铎，有时击打木鱼。台上台下，时而顺接，时而唱和。整场法事，极像一台精彩的折子戏，持续长达三小时四十分钟。自始至终，未见法师饮过一滴水。

法师同做法事的家属辞行后，来到茶室坐下。大家聊了一会儿天，然后，每人吃了一块哈密瓜。

每次做法事，法师都不吃晚饭。他说，放焰口就是请鬼神吃饭，如果做法者在施食当天下午有进食、饮水行为，会使鬼神不悦，就破坏了焰口的真实利益。而且饱吹饿唱，如果吃饱了，就唱不出来了。最主要是体现一份虔敬之心。

老画家说，看见师父跪下叩头，有想哭的感觉。

回想起来，法师跪拜时，先把念珠放好，然后整个身子都贴着地，头完全靠在拜垫上，一招一式均笃实到位。法师待人以诚，待鬼神亦诚以敬。

次日，在与法师交谈时，我问道，昨晚放焰口时，有居士说，听见对面山林有鬼叫，有无此事？法师说，这是骗人的，要么是头脑出现幻觉。“凡所有相，皆是虚妄”，完全依照仪轨进行观想做法，环环紧密相扣即可。感应自然，不着有无想。法师说，做法事时全神贯注，就不会只有表面的动作。如果精神涣散了，就达不到效果。尽管做法事时，鬼神也会来到身边，但人是感觉不到的。观音菩萨也经常化身罗刹来教化众生。

我问法师，怎么区分哪是魔王，哪是观音菩萨呢？法师说，初地不知二地果，我们是无法了知菩萨境界的，只需要我们在信、解、行、证四个方面

依据观音菩萨的愿力去执行就好。我执生起，即是魔王现前。

寺多林木

栖贤寺，终年在茂林修竹的簇拥下，拥有许多珍贵的古树名木，有树龄逾千年的小叶香枫，有直立高耸的喜树，有野生天然的苦槠树和栗树群，有两百多年的南方红豆杉，有濒临灭绝的木莲树，更有不可胜计的樟树和松树。

即使盛夏，这里也是一片清凉世界，远离炎暑。当你流连于树丛时，凉风习习，树影婆娑，暑气顿消，继而可能进入万念放下的息虑状态。

我总觉得栖贤寺的树木是有灵性的，就像一个个从泥土中生长起来的精灵，经过成百上千年的修炼，悉皆立地成佛。如果说整个栖贤寺就是一座大殿，那么它们便是一尊尊菩萨化身。这些大树就是众神，是寺庙的守护神，是韦驮菩萨。

一次，我来到栖贤寺，停好车，两位扫地的老居士起身跟我打招呼。突然，她们身后的大树“咔”的一声巨响，一根碗口粗的枯枝直砸下来，离她们不盈一尺，树枝落地后回弹了一下，跌成了三截，随后，静贴地面。

我一看，是从玉兰树上掉下的。好险！所幸两位居士无事。它的落地，虽说是不得已而为之，但是就在那一瞬间，它分明懂得知时逗机，随变任化，最终能转危为安。

宋代栖贤寺有位晓舜禅师，因为保护古树名木，开罪于太守，蒙冤入狱，返俗为民。多亏宋仁宗开恩，诏复形服，免咎为僧，并赐予晓舜禅师紫衣金钵。皇上固然圣明，岂不知这些树木本身就是神灵，或许是它们无边的法力扭转了禅师的命运。

大雄宝殿正前方有一株古桂花树。历经太平军、北伐和抗日期间的兵燹，大炼钢铁时的大肆砍伐，“文革”时期的恣意破坏，然而，它似乎有隐身术般，始终屹立不倒。2012年，狂风过寺，桂花树的大枝被折，所幸整体无碍，至今，古桂枝繁叶茂，被信众奉为神灵，树上挂满了红色的许愿条。

小叶香枫是栖贤寺标志性的树种，高大伟岸，沿着溪谷一字排开，像威武的卫兵般，护卫着一方净土的安宁。

三门边的那株枫树，尤其醒目。记得有一年，我多日没来庙里，再来时，所有的枫叶都红了，并且红极转暗。虽然我错过了最绚烂的时候，但是我还是幸运地赶上了尾声。我把车子停在涧边的斜坡上。细雨氤氲中，看着北面三门前的枫树，像面对一位耄耋之年的长者，或者一位面目慈祥的神祇，我内心充满敬畏和感佩。

不过，这棵树的确够老的，由于树体过于庞大，且向东倾斜，以致它的根部断裂。

2016年，祥浩法师实地查看后，决定给大树减负，将东侧的一根枝条锯去。锯下来一看，堪称庞然大物，由吊机计重，居然达14吨之多。师父截取了其中一段，请来匠人，将其雕刻成了一尊地藏菩萨。这下，枫树真的转凡成圣了。

每棵树上的每根枝丫都是手臂，肯定不止一千只手；每片叶子都是眼睛，自然也不止千眼。可见，每棵树都具有千手千眼的无边法力。

走在丛林中，内心安定而祥和，步履放松而平稳，因为你知道这些树木宛如神灵，在护佑你，关照你，是善护念，善咐嘱。即使月黑风高之夜，也敢独步林中，心无挂碍，无有恐惧，确信自己远离一切苦厄。

明天再讲吧

五月末的一天晚上，当最后三声鼓响过后，对面的钟声跟着响起来。满师收回鼓槌，放在台子上。他缓缓地走下来，拿起一把扇子，开始摇起来。我迎上去说，越打越精彩。他谦虚地说，乱打的。

满师边说边往僧寮走去。我说还早，请给我讲讲《金刚经》吧。他便折回来，随我进了茶室。他清楚地记得上回讲到第九品，便说，第十品中“应无所住而生其心”为六祖开悟之处，接着他便讲六祖的故事。

此时，窗外有人在漆黑中喊话。没听清说什么，所以也就没在意。随后，茶室的门被推开了。一位戴眼镜的僧人站在门口，看看室内，严肃地说，都打完钟鼓了，有什么等明天再说吧。满师显出些许尴尬。我把经书放回书架，走出了茶室。

我跟戴眼镜的僧人解释说，刚才是请满师讲经，并非闲聊。他和气地说，明天再讲吧。他见我走出客寮就问，您不住吗？我说，拿行李。

他一直等在门口。我说，不好意思。他说，没事。态度愈益平和。接着他说，这个门不好关，得从外面关才行。他出去把门用力一拉，关上了。

我逐一关了楼下的灯，四周一片漆黑，像在井底。打开手机，借助微光摸索着上楼。好像整栋楼仅我一人。来到房间，关上窗帘，不敢泄漏灯光。才 8 点多就睡觉吗？平时我们还在散步呢！

刚才那位戴眼镜的僧人，就是那天我于石人峰遇到的念经的僧人，平时不苟言笑。他不习惯寺庙过于嘈杂。他撞钟、唱诵，声音高亢、婉转，十分投入。

往后，对这位僧人，我有些回避。好在他经常去外地参学，一去多时。

再见面时，他也会微笑，我们渐渐熟络了一些。有时在茶室里，还会一起喝茶。他会跟我分享外出的收获。

有一次，他提到去云居山“打禅七”的情景。我意识到，严谨规范的寺居生活正是他所向往的。还有一次他在附近一个小寺庙住了多日，我满以为他会在那里常住，后来他又回来了。他跟我说，在栖贤寺待久了就想出去走走；在外面过了一些日子，又想回来，感觉还是栖贤寺像一个家。

他读中学时，因为血管狭小，造成半身动弹不得，遂萌生了出家之念。每到假期，他就来庙里炙灯洒扫，上殿。大学毕业后，分配到单位。大吃大喝的日子让他消受不了。半年之后，他来到栖贤寺出家。他说，若非碰上人生中的大事，或许不会想到出家。后来，身体居然奇迹般地康复了。

这里香

下雨，茶室里。满师穿着件黑色的T恤打坐，半天无声，许是睡着了。

我和厨师老陈坐了一会儿，他告诉我，住持师父带居士去九华山那天，庙里只剩下两个人：他自己和老画家。那天晚上，他早早地把门关上了。后来他听见敲门声，开门一看，是老画家，他站在场地上，也不作声，身后一片漆黑。

傍晚，我同老画家散步。他手里拄根棍子，告诉我是用来防蛇的，走过树林和草丛，蛇听到了棍子在地面的敲动，就会逃走。出门带上棍子，这一情形将反复出现，可见蛇不是不存在，至少在头脑中存在。

我和老画家来到玉渊潭边，玄钵师和贺居士已先期在此。我们躺在靠东侧的大石头上，上方就是飞来亭，石头储蓄了一天的阳光，此时释放出来，躺在上面不啻汗蒸，可称之为“石浴”。上空是天光云影，松枝交错。耳听“哗哗”泉流，身边满是阳光的气息。

起身后，我们又在步道上走了走。我问老画家，您闻到香味了吗？他鼻翼翕动了一下说，嗯，闻到了。

对了，祥浩法师曾说，这附近有一棵香樟，不知是不是它散发的香味？我本想继续往前走，可老画家说，要不我们就在这里待一下，这里香。我说，好哇。

夜色渐起，老画家和我谈到寺庙居士。他说，来这里的居士或信众，大致可分几类：一类为占大多数的普通百姓，出于迷信，求财求平安；一类为有钱人，舍得捐钱，消灾免祸，祈求发迹；还有一类是为交朋结友，寻找机遇。

我笑了，接着刚才的话说，像您这样，是想寻找一个清静所在，调整心性，然后激发创作活力，是这样的吗？

他似乎并不认同。我举了苏轼、黄庭坚为例。最初未必出于信仰，他们之所以频繁地同僧人接触，是因为觉得可靠，不会担心被出卖，没有政治风险。另外，也因为寺庙乃藏龙卧虎之地，高僧大德都是绝顶智慧之人，同高手接触乃至过招，相互砥砺，会享受智慧上的极大乐趣。此外，他们也可借此逃避尘世的烦扰，修身养性。

老画家并没有顺着我的思路走，而是若有所思地说，当初来寺庙，他对师父说，别人不图什么，他可是有所图的，他要画画，要写书。师父说，那是发愿力。

我问，是不是继续写民俗方面的书？他纠正说，是民间艺术方面的。

老画家曾经在画室里给我看过他收藏的民间工艺品，那些工艺早已失传，他收藏的也许是不多的存世作品，是民间艺术活化石。这些都是几十年前老画家亲访民间，从老百姓手上收购来的。当他打开裹了一层又一层的布包时，他的双眼都闪闪发亮，并且手舞足蹈地讲述收藏的经过，每件工艺品都有一个绝妙的动人故事。有时，他打开一幅，光说，哎呀，您看，您看！不再多说一个字，眼里却含有泪花。

暮色渐浓，老画家兴头上来了，就说，这样吧，我给您讲几个故事，或许对您写作有用。好像今天他要是不表示点什么，就愧对花香，也对我不够意思似的。于是，他一手抚杖，一手支颐，不时比画着跟我讲述了几个考察民间的故事。

在西北考察时，他辗转找到了一位老人家，她会铰花花。在一个村子的十字路口，有一栋房子，他叩开了房门。老人一看来客就说，我不认识您。接着她双手整理了一下头发，又掸了掸衣衫，袖口和前襟都打满了补丁，但异常干净。衣服经过多年的洗涤，已看不出原来的色泽了。

画家说明来意。老人家并没邀请他进屋坐，而是弯腰从门里拿过一只小板凳，放到门外，请客人坐下。

画家和老人谈起铰花花的事情，不时往屋里看。里面很逼仄，只一铺炕，两个木桶，一个装水，一个装小便，还有一个七星土灶。上方墙上嵌着两根木桩，架了块小木板，搁着一只碗和一双筷子，另外还有一碗干菜。

显然，老人是寡居生活。画家请她铰个花花，老人家说，多时没铰了。不过她还是起身找来一把剪刀，已锈迹斑斑了。画家说，我会磨。老人家没再推辞，找来一块磨石。画家磨好后，递给老人。老人铰了一个花花，果真出手不凡。

经了解，这位老人家嫁的是本地大户人家。那年她二十出头，遗憾的是没有生育，夫家便要休她，她坚持不走，就隔了个小间让她住下来，至少维持了表面的关系。几十年来，她一直过着孤单而清苦的日子。

还有一位老人家，22岁结婚，进洞房的第二天早上，丈夫就出门了，给抓了壮丁，再也没回来。她终身都守候在门口，等着。她说，他会回来的，我们还会生孩子。她像祥林嫂一样，逢人就念叨。她捡来各种色彩的布片，补缀成一幅图景，叫《麒麟送子》。说到这里，画家“唉”地叹了一声，说，就像梵高的作品一样好。

还有一次，画家寻找民间艺人时，一个小伙子总跟在身后。画家一回头，小伙子说，您到我家去吧，我娘会剪。画家说，好啊，您那里有招待所吗？小伙子说，没有，就住我家吧。

画家在他家一住就是好几天。临走，老人家给画家装了好些核桃和枣。画家说，不用啦，也不好带。老人家就说，我给您一口袋。临了，她说，我来剪个您。拿起剪刀“咔咔”就剪起来。她剪的是一只羊，因为画家跟她说过他属羊。老人家对照画家看了看说，您挺结实的。接着又“咔咔”两下，把身上圆润的部分剪成了直线，使羊看起来刚劲有力。画家不明白，老人怎么那么懂得线条的运用？太妙了！

为了考察民间艺术，画家行走在乡间，前后花去了六七年时间，放弃了读本科和研究生的机会。画家说，想来还是值得的。

天渐渐暗下来。画家移动了一下位置，往栖贤寺前方的笔架山上方看了看，大概也想寻找那股花香的源头。他感叹道，嗯，真的好香。我至今也没弄明白，那到底是什么花香。其实，这也许并不重要，重要的是，能闻到花香。

打板声

5月的一个夜晚，我和两位居士在喜树下闲聊，忽听得大殿西南方有打板声。已是10点多。显然，既非打板之时，也非打板之地。然而，的确又是打板声。不知为何。我想，法师不在家，丛林法令仍须整严，可不能随时随地打板啊。

打板之时，鸟鸣啾啾，与之呼应。一方打板，一方鸣叫。二重奏配合得天衣无缝。随着合作进入高潮，二者演奏得更加起劲，畅快淋漓。

寺庙的西南方，为石人峰东麓，一片漆黑，且都是灌木丛，根本无处插脚，分明不该是人烟出没的地方。难道有鬼？耐不住寂寞了，就来自弹自唱？

可能是喝茶的关系，躺下后竟一时难以成眠。

寺庙的法器，有钟、鼓、香板、大磬、木鱼、铛子、锣、铙、钹、云板、钟板等，法器为龙天耳目，是不能随便敲击的，向来号令分明，动必有时。如果随意玩耍，不就成马戏团了？曾经有游客来栖贤寺击鼓取乐，这个敲敲，那个打打，且不听招呼，被小师父们拉扯着请出了山门。

古代，晨昏钟鼓之外，非是和尚升堂说法，非是迎请高僧大德，非是高僧圆寂装龛荼毗而不为，若是打破常规击打钟鼓，即有丛林重大意外事因。

《禅林宝训》载，袁州仰山行伟禅师，为人性刚，莅事有法度。他曾列出十二辈人名交付维那，次日俱到方丈前接受训示。茶会开始时，却少一人。首座解释道，永泰游山尚未回来。

不久有人却告诉行伟禅师：永泰本在寺庙。派人搜寻，果在。永泰自陈智笨力弱，恐难承受所托之事，故未能出席，此事非关首座，他并不知情。

行伟禅师命令击钟集众，神色严峻地说道：昧心欺众，他人犹不可为，何况是分座授道的首座，岂能自坏其职如此？两人均受惩罚，被逐出寺门。

孔门之徒冉有，为宰臣之时，本应救时匡世，却为季氏聚敛，而又顺其所为。孔子愤而发令："非吾徒也，小子鸣鼓而攻之，可也。"

可见，非常之时击打钟鼓，必有非常之事。能不慎哉？等而次之，打板也莫非如此，须是法令肃齐。

第二天，我问一位住庙的老居士，晚上10点是否听到打板声？老居士笑曰，听到过，它常在那里。他使用了一个“它”字，更增加了其诡异性。他有点卖关子，不往下说了。我一再追问，他才告诉我实情。

原来那是一只老青蛙在鼓噪。

大殿建造的地方，原有一个小池塘，这只老青蛙就常出没于此，并不时地叫唤，像强调那是自己的领地。后来池塘抽干了，填平了，它就迁移到大殿西南方的树林里，依然在叫。听上去就像失去家园的人那样，多了一分怀恋。

我想象，它已经很老了，每迈出一步，前爪都要在半空中晃悠良久。皮肤像一件尺码过大的外套，分别于背上、头上堆叠起来。声音苍老得沉郁喑哑。双唇被时光剔尽了皮肉，只靠着上下颚骨的相互咬合、撞击，才发出声响来，空洞洞、干巴巴的，没有一点弹性，听上去像是打板。

它或许真的老了，像老僧打板，一板一眼，虽说有节奏，但日益迟缓，每况愈下。不知哪天嘴巴再也合不拢，张不开了，或者叫了一半又噎回去了，无力继续下去，那就意味着它闭着干李子似的眼皮，再也睁不开了。

栖贤寺，除法事活动会来一些居士，短暂地热闹一阵外，夜晚都很宁静。这样的宁静在别处是很难享用到的。每当人在城里感觉心浮气躁时，来栖贤寺是个不错的选择。就好像一块烧红的铁块，放入水里淬火，瞬间就能冷却下来。但是，能否住得下去，还要看个人的心性。

有的人初来此地，觉得这里环境好，十分幽静，渴望待下去。可是过不了三天就要走。因为适合修行的地方，未必适合休闲度假。这里没有任何娱乐，连电视机都没有，看不到《新闻联播》，也看不到综艺节目。寺院除了朝诵暮习，没有别的活动；书架上除了经书还是经书，没有别的可供消遣的书报杂志。傍晚可以去水边或山道散步，天黑了就得回来。不像城里的公园布满了路灯，人群摩肩接踵，宠物纵横奔跑。而寺庙，顶多也就去公共活动场所——茶室，坐坐，喝喝茶，说说话。

8点左右，等到师父们打完鼓，撞完钟，照理庙里就不应再发出什么声响，再有什么耀眼的光亮了，就该安静下来，进入休息状态。大家识趣地起身合掌，或说声“阿弥陀佛”，便走散了。场地上不适合久留，可回到房间，睡觉又太早，只能与书本为伴了。如果没有对精神世界的高度喜好，是很难坚持下去的。

一天早上，庙里的一位工友向我辞行。我说，不是干得好好的吗？干吗要走？工友说，太清静了，受不了哇。晚上他总是去山涧对面的林场闲坐，九十点钟才回来，黑咕隆咚地摸回庙里，影影绰绰，有时还吓人一跳。

南怀瑾曾说，有洪福的人往往享受不了清福。洪福是滚滚红尘中的世间之福，实乃烦恼；而清福则是修十善业道来的，是为真福。此言极是。

人喜群居，面对的是众人，热闹且安全；少数人喜欢独处，面对的则是自我。人多惜己，但要面对自己，却非易事。来栖贤寺，就要习惯于燕居独处，收视反听。心为一身之主，万行之本。在宁静中，心灵才能妙悟，见理才明。

佛非生成，圣是人做。六祖曰：“佛向心头做，莫向心外求。”所谓“明心见性”，不过是要明自家本性，见自家本性。语默举措，上不欺天，外不欺人，内不欺心，可谓得之矣。

苏东坡说：“知安则荣，知足则富。”回到自我，需要包容自我，包括同自己和解，既不矜己自伐，也不妄自菲薄，更不强己所难，须顺天委运，去往翛然。

天南海北，来者都是客。有时你会发现，个个都是孤独的灵魂，虽不易深交，但因离开了利害冲突，相互间也就没有了戒备，交往起来，反倒放松一些，真实一些，友善一些。

相视而笑，莫逆于心。云水禅心，各顺其意。

后来我发现，夏夜青蛙那种打板似的叫声，不独来自大殿西南隅。奇怪的是，还有相似的声音与它呼应，就在那两只水缸中间的薄荷丛中。而且有时我在小木屋里，还能听见高墙外的山涧中传来打板声。难道也都是些老青蛙吗？岂不有此一说："人闲林泉，蛙老栖贤？"

我敢断定，这是栖贤寺青蛙特有的叫声，不管年老还是年少，都是如此鼓噪，想象不到天下还有哪里的青蛙叫得如此富有禅意，如此富有感染力。

近朱者赤，近墨者黑。人有仿生之技，蛙何尝不会仿人之巧？

再说青蛙也是有情，也是众生，在潜移默化中，它们接受了佛法的熏陶。它们之所以耐得住寂寞，能待得下去，是因为它们有事可做。或许它们有自己的生息节奏，也有早课晚课，也有坐禅念经，于是它们也少不了要打板，要发号施令……

皈依

7月中旬的一天，观音菩萨圣诞日。

法事之后，有一批弟子赶来皈依。

9点整，大殿内，一位男士和八位女士，一字排开。击磬，礼佛三拜。师父在他们的迎请下，拈香、礼佛、升座。皈依者依次上香，求受皈依，三请三叩。

师父语重心长地开导说，你们既然诚心申请，愿为你们受三皈依。所谓三皈依，就是皈依佛、法、僧三宝。皈依就是归向依靠，分别为依佛为师，获得觉悟；依法为师，领受规范；依僧为师，清净无染。如今你们皈依三宝，就是皈依理性三宝。

接下来的请圣环节华美动人，好像在鲜花的簇拥中，诸佛正乘着熏风纷纷而来。师父举香，手指作鲜花状，甚为优美，重现了那晚打手印的姿势，看上去，分明就是鲜花的妍姿妙态。皈依者跟着唱起来："香花请，弟子一心奉请，娑婆教主释迦牟尼佛、西方接引阿弥陀佛、当来下生弥勒尊佛，尽虚空遍法界一切诸佛……"随后，众位忏悔："往昔所造诸恶业，皆由无始贪嗔痴，从身语意之所生，今对佛前求忏悔。"师父说："你们对着三宝已经忏悔了，罪业必定消除，身心净静，当端秉一心，纳受三皈之体。"皈依者跟着师父念道："尽形寿皈依佛，尽形寿皈依法，尽形寿皈依僧……以佛为师，从今以往，乃至命终，宁舍生命，终不皈依外道天神……"

最后一个环节，自然是耳熟能详的发愿："众生无边誓愿度，烦恼无尽誓愿断，法门无量誓愿学，佛道无上誓愿成。"

整个皈依过程，简洁利落又温馨，好像黑夜中有盏引路的灯，让人内心温暖又目标明确，不再徘徊迷茫。往后，就像常言所说的那样，"师父领进门，修行在个人"。皈依只是人生的新起点，前路漫漫，能否成就，还得靠自己去闻思和修为。

皈依的行列中，身穿深红色裙裤的女孩费晨茹显得很引人注目。皈依仪式中，她举手投足都显得落落大方，优雅得体。

费晨茹大学毕业后，先在一家企业上班，后自主经营服装，并加入了一个志愿组织，帮助智障儿童和贫困孩子上学，迄今先后资助了数十个孩子。

晚上，在茶室，这位新皈依的女孩沏好茶，给大家一一斟上。然后，她给每人削了个苹果，自己再坐下来，静静地饮茶。上午披着的长发，这会儿绾起，盘在脑后。脸显得圆润一些，像一轮明月。我问她，皈依之后，心情如何？她笑着说，高兴啊。我说，你离如来又近了一步。她笑着颔首。

师父接过话说，不管一个人对佛法有多向往，有多了解，如果没有三皈依，都不能算作佛弟子。

几天后，一辆车子开上了庙场，是来接女孩的。她同前来送行的师父和诸位道友一一合掌行礼，还拥抱了一位年轻的女居士，然后，在车窗留下一个甜甜的笑脸，走了。

跟来时相比，她宛若一位脱胎换骨的新人。

二十四潭明月

三峡涧是一个由众多碧潭连缀而成的世界。从空中俯瞰，二十四潭宛如一串不规则的绿宝石；而从月下看，二十四潭则潭潭似含珠贝壳，它是栖贤大峡谷中最精美的部分。

从古代的诗文中不难发现，三峡涧是状写最多的景点之一，也是摩崖石刻最集中的地点，成为达官贵人和文人墨客赏玩必经之地。

三峡涧，是指从玉渊潭历二十四潭至金井，穿观音桥至曲尺湾水库之间的一段峡谷，约两公里长。

古人吟咏三峡涧的诗文，多达百余首。

苏东坡云："况此百雷霆，万世与石斗；深行九地底，险过三峡右。"

清代诗人屈大均诗云："二十四潭争一桥，惊泉喷薄几时消。一山瀑布归三峡，小小天风作海潮。"

三峡涧

首潭

玉渊潭为二十四潭之首，是其中的华彩乐章。

相传，潭深无底。曾有僧人潭中汲水，将一只瓿罐浸入水里，俄失所在。后有人从湖南来，云该瓿罐已于洞庭湖浮出水面，上有“栖贤”二字可资佐证，因传玉渊潭下通湖南。莫非这只瓿罐也趋赶风尚，懂得“走江湖”？

唐代，马祖道一在江西弘禅，石头希迁于湖南传道，海内衲子纷涌江西、湖南，竞相参慕，一时两地成为热线。此为“走江（西）湖（南）”一词之滥觞。后来演变为靠武艺或医卜星相谋生，奔走四方。

没准当时栖贤寺与洞庭湖某个寺庙之间，也曾频繁往来，栖贤寺僧人带去景德镇烧制的一只瓿罐，上署“栖贤”二字。年代一久，便不知来由，以为乃玉渊所失。

多少次雨后我来看玉渊，都会受到很大的震撼。当然，最主要是源于它的非凡气势。

南宋词人张孝祥曰：“灵源直上与天通，借路来从五老峰。试向栏杆敲拄杖，为君唤起玉渊龙。”并于玉渊潭边刻有“玉渊”两个大字。

明朝王思任在《游庐山记》中写道：“玉渊万杵登登，雪花千斛。琅玕碧骨上，银髓翻腾，快而且活。”

就如一支交响曲，一开始就进入奔放激越的状态，惊湍跳沫，群龙格斗，让人心潮起伏，难以平静。

除慑于其磅礴气势之外，我还作他想，似乎对它寄予深深的同情：是何等巨大的孽债，要遭受如此深重的磨难？又是怎样难以和解的仇怨，非如此声嘶力竭地搏杀不可？

是的，玉渊潭有时还难免让人联想到猛兽，想到蒙昧，想到地狱，想到暴戾，想到战争，也想到人类诸多灾难。里面真有孽龙不时作祟吗？谁来收摄它？恐怕只有万能的神灵。

玉渊潭上方，离槽断泉不到十几步的步道边，有一座土地庙，经年香烟缭绕。有人说，每至晨昏，或较为安静、阴晦之时，会听见土地庙前有许多人在说话，却不见一人。

这么说来，我想起，很多次黄昏或雨后，四野无人，我独自走在玉渊潭边的步道上，享受幽静。有时还真的听见有人说话，甚至略有争执。我总认为是对面林场有人交谈，在山谷间产生的回音。难道不是这样，而是别的未知的原因吗？

尽管如此，我还是不想放弃独享清静的机会，经常在这条路上逡巡。我并不害怕，就像我独自在黑夜里的庙中走动，在偏离众人的地方居住。也许因为问心无愧，内心有主，神鬼不欺吧。

四五月间，这条路的某个地方，突然会有一股异香扑鼻，让人生意外之喜。不识何香，也不辨何花，也许是众多的花香草气汇聚而成，甚是好闻。不由得驻足观望，溯风而寻。满眼翠绿，鲜花错杂其间，流水在深涧中喧哗，松树在蓝天下静穆，白云悠然驶过无有尽时。此时，你会觉得人生固然多艰，亦不乏可欢之处。想来有时很简单，只需一缕花香，就够一个人支撑下去。

蝴蝶泉

二十四潭中间数潭，虽屡有跌宕，但相对平坦。天地有大美而不言，这是峡谷中最安静的地方。

此时下到深涧听水，也挺有意味。通过观察从不中断、不舍须臾的流水，你会发现时间的秘密。念念迁流，新新移改，一点一点流走的，恰恰就

蝴蝶泉

蝴蝶

是生命的光阴，易生“子在川上”之叹。

然而，奇怪的是，当你凝视流水的时候，那种永不停留的动态，带给你的反而是静止的感觉。静得百虑皆息，身心俱无，和光同尘，物我如一。观流水可暂时放空自己。

约莫九十月间，大批的蝴蝶栩栩然从草木间来，相约于泉边，前来啜饮。赶集似的，一来就是一群，团团围着冰臼，静饮成欢。触须翻卷，尾翼翕动。间或腾空飞起，又轻轻回落。让人想起“浴乎沂，风乎舞雩”的动人画面，深味圣人“吾与点也”之意；想到兰亭盛会中的九曲流觞，咀嚼“书圣”发斯之叹：“向之所欣，俯仰之间，已为陈迹。”

摄影家王忠芳发现了这一秘密，裹粮蹲守于泉边，一连数日，直到蝴蝶以为他是岩石的一部分。他才摄下了蝴蝶潭饮的珍贵画面。

于是，有人干脆将这口碧潭命名为“蝴蝶泉”。

金井

二十四潭逶迤而下，来到金井时，落差较大。便如交响曲进入高潮，呈跳跃状。时而高昂激越，时而腾挪回旋，探幽览胜。

明朝王祎在《游栖贤寺观三峡桥记》中写道：“至桥上俯视涧底，亡虑百千尺。”

清代潘耒在《游庐山记》中写道：“桥下有潭曰金井，窥之黝黑，深不可穷，峡石皆赭色，奋迅角立，水行其间，奔腾跳蹙……如千营万垒。水初出山，如一旅孤军，摧锋陷坚，夺隘而出。”

潭边刻有“金井”二字，系明朝南康府同知马朋所书。

三峡涧至此，便是一个完整的乐曲的终结。

金井下泻无尽，让人联想到“尾闾”这个词，乃大海的泻口。多少次我

金井

在桥的下方观望，三峡之水源源不断，直疑从天上来。

每次到栖贤寺，我都会沿着二十四潭来回走一遍，山谷总是那么幽深静谧，除了水声，没有别的声音。游客并不多，常常是下午，游完全程竟然不遇一人，这时，连自己在不在场都不那么分明。古代有“坐忘”之说，这里真可用得上“行忘”二字了。

一件披风

一个傍晚，我邀满师散步。他说，走慢点，要从容自如。暮光中，他甩动着长长的袖子，一副很放松的样子。我也随之放慢了脚步。

在三峡涧的一处潭边坐下。满师觉得有些热，便将披风解下，堆放在身边的一块石头上。对面是古人留下来的宛如岩画般的“棋坪”。他跟我忆起一段经历。

满师曾经到过雁荡山的一座小庙。那里离县城一百多公里，离乡镇也有几十公里。住持是位退休的婆婆，她丈夫原是部队转业的，在庙里扫地、点香，也煮饭。这对夫妻有一双儿女。

满师是这座庙接待的第一个外地人。他们坚持早晚课，早课还特别早，2 点半就起来。满师算是科班出身了，唱坐打念正宗又规范。每到用斋，婆婆就走去喊满师，也不用打板。

四乡八邻的居士，总是穿过两侧陡峭的山壁，前来进香礼佛。

满师与夫妇俩相处融洽。婆婆每每上街，都要带上他。婆婆 70 多岁，经常到山上挖草药卖。那里还有条狗，常到满师门口转悠，门开了就进来，趴在床下睡觉。

小庙关门的日子居多。周末或假期，夫妻俩的子女带着孙辈们跑着叫着冲进庙门，一时孤寂的深山小庙便热闹起来，挺有家庭气息的。

满师待了两个月就离开了，也没发给单金。行前，婆婆说，你去外地邀几个人，回来把这庙接过去吧。他们挽留他，是因为他所求无多，佛事如法。但满师没再回去。

满师的故事讲完了，三峡涧渐渐暗下来，我们起身往回走。树上蛛网密布，沾上了滴滴露珠；地上青苔遍布，滑溜溜的。快到栖贤寺时，我“噢”了一声，突然记起来，满师那件披风落在了水边。

我说，去拿吧。他说，不要紧的，明天也一样。想到他的衣服不会很多，我就说，我陪你去。他说，不用吧？我执意要陪。黑灯瞎火的，他又视力欠佳。

本来走回来就累了，再去一趟显然是一种考验。石径更加幽暗、湿滑，满师走得很慢，他的双脚像拐杖似的，轮番在前面探路。

我问，这件披风是谁帮你做的？他说，是居士留下来的。我问，你洗过吗？他说，没有。我说，洗一洗不好些吗？他说，不用啦，我不比别人更干净。

再次回到栖贤寺时，寺院寂静无声，四围一片漆黑。近前才看到几盏灯光从窗口透出来。

闭关房

5 月的一天傍晚，我们去闭关房。满师在前面引路，玄净师陪在曹居士身边。

路上叶茂草深，满师用棍子击打草丛，好像为了惊蛇，让它们识趣地游

闭关房

走，是所谓“打草惊蛇”吧。

道旁有几座墓塔，上书“曹洞宗”字样，看得出来是后来修复的。随处可见陈旧砖瓦，以及一些方整的地块，显然，过去这里曾是寺庙的一部分。

到啦！满师在那边大喊。

闭关房坐落在栖贤寺西南隅的小峡谷中，背山，亦面山，门前一条山涧向东汇入三峡涧。青山四合，绿树环抱，十分清幽，完全是一个相当封闭的所在，一派世外的感觉。

眼前是一座灰色砖墙、青色屋瓦的四合院。门前有一个小蓄水池，静浮着几茎睡莲，开出数朵紫色的花朵。独自开且落，不知春秋几度。

满师熟练地推开虚掩着的门。进门是一间四五平方米的护关室，左侧是两个窗口，用来送饭或递送纸条的，闭关和护关人员也由此出入。据说关房大门虽设却常关。

满师首先示范，一脚先迈进窗口，头颅跟进，随后屈身移入。我们紧随其后，先后都把自己塞进去了。

里面是一个不小的院落，靠大门是一个影壁，在院门和正门之间形成一道屏障。进入正门是一个小殿，上面供奉着佛像，还有几本经书，其中一部是《楞严经》，一部是《大般涅槃经》。

往左是盥洗室，再往后是卧室。一张单人床，一张书案，案上有毛笔、画笔等文房，一只长臂小口径的灯具伸向桌面，似乎一直在静候后来者再展纸墨。

从后窗看出去，是陡峭高耸、无人逾越的山壁。

有位师父在这里闭关两年多，出关后，去了山南一座古庙任住持。想必那些物件都是他留下来的。

随后，几人沿着房子外围转了一圈，感觉凉飕飕的，潮气侵人。据说当时闭关法师看到过一只老鹰，它落在关房一米远处，法师行禅时，它不惊不走。法师还看到过竖起来高过胸口的一条蛇。

满师说，闭关要有功夫。有的和尚走着进来，躺着出去，直接上了医院。因为湿气重，长期打坐，有的双膝都站不起来，就瘫痪了。出去后，有的尚能恢复，有的却不能。

满师说，闭关是有条件的，动机要纯正，要为了利益众生，而不是为了镀金，赚取资本。另外，护关也要有善知识，甚至比闭关之人功夫更深，因为担负着开导任务。

暮色渐浓，满师将房门重又掩好。走在回来的草丛中，曹居士说，一个人独自在闭关房，晚上外面可热闹啦，什么妖魔鬼怪、冤亲债主全来了。闭关师父只好念经，放焰口，窗外才重又安静下来。我问满师和玄净师，这可是真的？他们都眼睛朝下，默然不语。

就在此时，我转身一瞥，闭关房重又陷入孤独寂寞中，它在静待下一位闭关者的到来。朦胧中，檐下所嵌牌匾的题额引起了我的注意，细看，上面有“得麽”二字，落款不甚分明。玩味其意，乃不知所云。

闭关，乃闭门修养道业。为此，我对闭关颇有兴趣，很想认识一下亲历者，了解一下他的感受。

2017 年 10 月 29 日，我在玄盾、玄肃二位年轻法师的陪同下，前往秀峰寺，拜谒了当年闭关的义杰法师。访谈在打坐、品茗中展开，窗外不时飘进秋野果香的醉人气息。

2004 年初，乌鲁木齐市清泉寺监院义杰法师云游至栖贤寺，见该地甚好，便提出在此闭关。当时并无现成的关房，寺庙正在建设中，经济拮据。义杰法师遂联系乌鲁木齐市居士肖明和王玉兰夫妇，筹款建造。历时 7 个月，于农历十一月二十四日建成。

农历十一月二十五日，义杰法师入关。广佛禅院住持了凡法师护送其入关，祥浩法师为闭关房贴上封条，殊慧法师发心护关，玄盾法师送饭送水。

2006年正月十九日出关，历时两年零三个月。

闭关期间，自然也发生过一些与他有关的事情，都被护关者过滤了，没给他递送过纸条。

义杰法师回忆道，那时才20岁，血气方刚，平时精气神往外发散，一下子往回收来，起初极不适应，用功之后才克服过去。出关时，身体并无大碍，不过是胖了一些。

他说，每天很平常，无非是拜佛打坐，很有规律。其实，闭关房不过是一个住在上面的念头，功夫到时，就没有这个条条框框了。闭关房的天地比外面还要大。闭关房不是墙，六根才是大关。有时在闭关房中是出关，出关反倒是进关。

对于那段闭关岁月，义杰法师出语简短，似乎既然过去了，也就不必多留念想。

最后他说，人们往往认为，闭关是神圣的。但闭关者有此念头即错。闭关要有办道心，道念须大过名利心，一味驰求贪竞，就大错特错。那次闭关亏众多善知识，才玉成因缘。尽管过去多年，一直心存感念，因为有这段因缘，才延展出后面诸多因缘。

两位女画家

上

斋后，两位女士在大殿前的桂花树下坐着。一个穿着无腰长裙，一个穿着黄色连衣裙。一只兔子在旁边的草丛里吃草。

我跟老画家孙秉山交流别后的情况。他说祥浩法师带十多位居士去了九华山。九华山建有一座 90 多米高的地藏菩萨塑像，气势宏大。后来，老画家又提到阿隽——她带来的一位朋友，正在桂花树下坐着呢。

阿隽的朋友是 50 来岁的华侨，家住法国，丈夫是印度人，母亲在北京，她三地来回跑。

而阿隽呢，是一位女画家。

傍晚，我跟老画家散步，看见阿隽带着她的朋友坐于水湄，一旁的玉渊潭水在汩汩地流动着，她俩交谈的声音也被带进了深潭，流往下方。阿隽从袋子里拿出几个桃子，她俩便一道吃着。

老画家说，阿隽朴实，性子直。

那次，阿隽在新疆写生时，听说了老画家这个人，就给他打电话。老画家问她在哪里？她说在北京。她问他住哪里？他说在平谷。她说，您说怎么走吧，我去见您。他说，现在是下午呢，您来了怕赶不回去，别来了。她说，不，我好不容易找到您，说吧，怎么走？她是说走就走的人。

老画家还说，阿隽低调，来栖贤寺就像到家一样，哪里都熟悉，知道山涧中哪里好晒太阳，哪里有蘑菇采，哪里的景致好，哪里的花好看，哪里的水甜，如数家珍。为寺庙做了一些功德，也从不张扬。是阿隽介绍老画家来栖贤寺的。

那是 2012 年冬，阿隽和老画家从北京出发，辗转来到星子县，他们背着行李走了长长的一段山路，快到时，阿隽指给老画家看，说，那就是栖贤寺。老画家兴奋不已，快乐得像个孩子。他俩边走边喊，手之舞之足之蹈之，身上都汗湿了。

2008 年 11 月初，阿隽第一次来栖贤寺，树上、地上到处都是红似火的枫叶。后来她成了这里的常客。

2011 年，她从北京来栖贤寺，从 11 月到次年 1 月，足足待了三个月，她到处看，到处画，每天都像第一天那样新奇。

有一天大雪，上午10点左右，她独自走进三峡涧，欣赏二十四潭的雪景。在一个岔路口，她突然看见一个人，他身穿炭灰色的汉服，头戴斗篷，貌古神清，庞眉雪顶，他双手合十，轻声打了个招呼：“女施主！”随后，他踏着十多厘米厚的积雪，渐渐远去。

天寒地冻，杳无人烟。难道是幻觉？但她看得历历分明，不可能有假。她一直没敢画出来。

阿隽毕业于四川一家师范院校艺术专业，分配在电信部门。她是部队大院长大的，父亲很早就告诉她，世界很大，你该去看看。她向往自由，不愿被安排，不顾家人的反对，加入了“北漂”的行列。在中央美术学院进修两年后，留在北京开公司，设计、印刷一起做。那年她24岁，低头猛干，换手数钱。30岁前，她在北京有车有房，而且去法国等地待了一阵。

2008年，她不想这么活下去，想捡回自己的爱好——画画。她把公司转让掉。次年，她成为一个职业画家。开始接触佛经，走进寺庙。她认识到，人所要的越来越少，归结到最后，就只那么一点点。

2010年，她去了景德镇，建了一个工作室，画生活瓷。2012年结婚。她对先生说，我们不是不想要孩子，但世界这么拥挤，把自己照顾好就够了，永远不能停止对精神的追求。

阿隽闲不住，到处跑，南方北方，国内国外。天马行空，独往独来，过得极其自如和潇洒。

去年，她去纽约待了几个月。然而，她却不时会想念栖贤寺，这里不单有风景，还有灵性。有时愿望一强烈，她就回来了。

天快黑时，我和老画家散步回到寺庙，有位女士在流通处跟老画家打招呼。老画家顺便向她介绍了我。他告诉我，女士叫阿珠，是师父请来修整佛像的，祖传的手艺。

老画家还悄声地告诉我，阿珠和阿隽，几乎没有什么来往。也许这就叫无缘对面不相逢。

下

次日早上，阿珠出去散步时，我约她聊聊，想请教一下佛像雕塑方面的问题。她爽快地答应了，但说，这会儿有点事，8 点吧？我说，好的，就在茶室。

8 点半，茶室不见人。我想，她不会不来了吧？她没有义务跟一个陌生人交谈。这时，茶室的门开了，阿珠匆匆地走进来，挥了挥手，笑道，不好意思，刚才小睡一下，睡过头了。

她去水池洗好了杯子，在对面坐下来，我开始沏茶。她一小口一小口地喝着，开始跟我讲自己的故事。

阿珠 12 岁就开始学画，从舅舅那里学做佛像，母亲也会做。由于天资聪颖，阿珠被选为家族传承人。起初，她并不愿学，两三年后，喜欢上了。之后，又向台湾来福建办厂的师傅学艺，不仅学了技术，还学会了一套管理办法。

最初做佛像是传统手艺，从基础到坯子，直至成像，有 30 多道工序。一个人每月顶多塑两尊佛像。而台湾的方法则是流水线作业，二三十个人，各有分工，大大地提高了效率。

10 年后，阿珠出来单独办厂。人数多时有二三十个，后来越来越少，一些年轻人沉不住气，吃不了这个苦就走了。这个活儿收入高，但很辛苦，甚至很危险。

我问她，有没有出过事？她有些警惕地说，这个我不能回答你，但是，我们每次都把安全考虑在前，尽管这样，但还是害怕，我有恐高症。那些工人在佛像肩膀高的台子上走来走去，几十米高很危险。有时他们提出来要加工资，我说加吧，应该的。

阿珠也皈依过。从小受熏陶，家乡到处都是寺庙，信佛信道的很多。她不做基督像，但做道家塑像，因为佛道融合得比较好。

一般来说，做到40岁左右，视力就不行了。不光要画，而且要有体力。佛像每个环节都难，而坯胎部分、衣服部分和脸部都是关键所在，眼睛则是关键中的关键，相当于画龙点睛，所有的神韵都可以从眼睛里体现出来。

阿珠每次走上十几米高的台子，只能画十几分钟，以致在爬上爬下的过程中耗费了不少时间。没办法，她恐高。

那年，她来栖贤寺修整佛像，忽听到舅舅去世的消息，内心痛苦极了。舅舅既是亲人，也是师傅，恩重如山，手上的活又不能放下来。她担心不能自持，无法进行下去。

她在身边反复播放“阿弥陀佛”圣号。然后，请一位年轻法师在大殿念经，内心才平复下来。画好后，她下来，全身几乎虚脱。但当看到大佛双目慈悲视诸众生，她就满心感动，精神得以复原。往后的事情都是带着欢喜心做的，所以很顺利。

阿珠说，一般认为画佛像很神秘，其实，对我们而言，就是要怀有一颗平常心，要有定力，内心平静如水。

得麽

去闭关房后两日的一个傍晚，我和祥浩法师一道散步。

经玉渊潭时，但见潭深水幽，白波潺湲下泻，寒烟淡淡升起。

法师说，有时他站在玉渊潭前，看着雨后的大水涨满山涧，玉渊潭瀑布气势磅礴，雷霆万钧。可是几个小时后再看时，却如大军撤退，一溃千里，剩下的只有涓涓细流。他停顿了一下说，哎呀，那种盛况不再，难以持久，总让人失落不已。

沿着溪边步道漫步，法师跟我们谈了最近参学的一些感受。他去峨眉山见到了报国寺惟清长老。老人家 96 岁了，每天还照常礼佛，跪下去挣扎半天才能爬起来，还不让搀扶。

此番，法师还去了高旻寺，见到了法主德林老和尚，老和尚 102 岁高龄，精神矍铄，照常出坡。当然他只能坐在轮椅上，到工地上观看大家劳动，助助阵。

有人请老和尚写字，他欣然捉笔，指着对面墙上说，那上面的价目你也是看到的。

一个尼姑要来高旻寺住禅堂，德林老和尚诙谐地说，我这里有规矩，女法师住庙得符合要求，身高要有 1.62 米以上，体重 100 斤以上，你达到了吗？回去称一称，量一量，再来找我。女法师身高 1.5 米左右，体重不到 80 斤。听老和尚这么说后，她跪地不起，唏嘘哭泣。老和尚也不理会，拂袖而去。其他法师上前搀扶她，劝慰她说，起来吧，老和尚逗你呢，其实他已经答应了。女法师破涕为笑，方肯起身。

德林老和尚脾气很大，但他乃得道高僧，完全得了自在，进退自如不逾矩。前两天祥浩法师借给我看的《来果法师传记》，封面就是老和尚题写的，字好，功夫深。

法师曾经还借了《影尘回忆录》给我看。我比较了两部传记，来果法师的一生传奇如神明，倓虚法师的一生则平和似长者。我请教法师，二位法师风格不一，但殊途同归，是这样吗？

法师说，是的。他们二位高僧，一个是河流本身，一个是河上船只；一

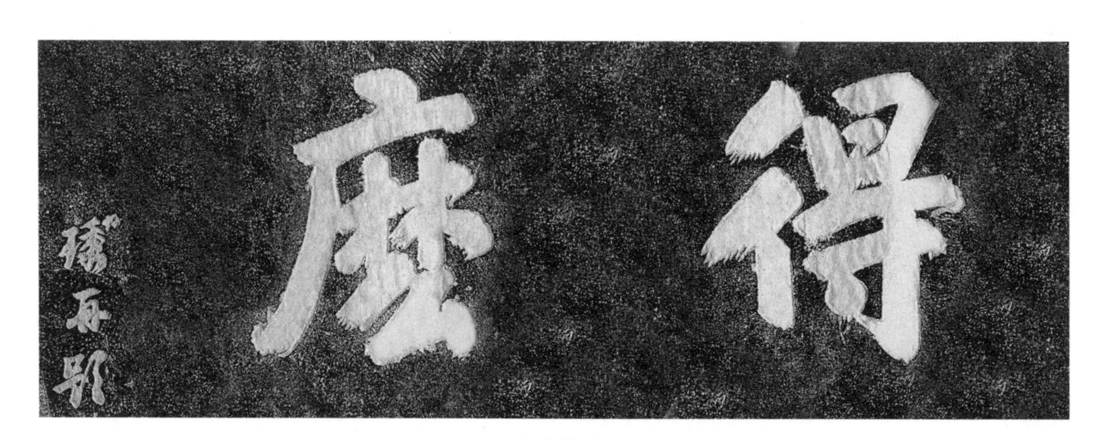

（清）得麽

个充满意志，不屈不挠，一往无前；一个顺势而为，委运任化。二者最终都能到达大海。但是，河流的难度恐怕要大得多，来果和尚就是这样的，他割肝救父，忍饥挨打，经受了非常人可忍的折磨，方成正果。

我们信步走入松林。

前几天的一场暴雨，使得一些松果掉在路边，还有一些零星的松针飘然委地。秋后，这条浓荫匝地的松间土路便被金黄色的松针所覆盖，走起来富有弹性。阵阵松涛中，白云在道路上方狭窄的缝隙中悠然驶过，给人以“白驹过隙”之感。置身其间，看着挺拔的长松，看着松间的僧塔，不知今是何世。

我忽然想起那天去闭关房的事，便请问那块刻有“得麼”二字题额的由来。法师告诉我，2004 年 4 月，大雄宝殿奠基时，它被从地下四米多深处挖出来，裹在泥浆中。擦去泥水，呈现出汉白玉质地，用水冲净，露出“得麼”两个大字，字迹敦厚稳健，颇为圆融。当时还在建关房，正愁没有门楣，遂将它镶嵌进去，也算是一举两得：得到了利用，又得到了保护。

那时有居士问，这是何意？是“得麼”，还是“麼得”？有人便猜测说，可能是附近的方言“麼得”，意思是“什么”，意谓佛法是什么，是刻石者向人们提出的一个问题。法师说，不管解释得对不对，能自圆其说就行。

我笑着问法师，正解会是什么呢？问过之后，觉得有些唐突。

好在法师事先似乎有过思考，他随即说出了自己的想法：“得麼”，应该是一个提问，审问生命，你得到了什么？还是没得到什么？其实，这是一个两难之问，得与不得，都不对。得，又没放下，我执了；不得，又嫌消极不作为。应该取其中道而行之。

我说，听一位居士说过，“得麼”，“得”字读第三声，就是“应该、非得”的意思，“麼”同“磨”，你要成佛道，就得磨砺，您看这有无道理？

法师说，这种说法不如法，佛法并不主张非经历磨难才修成正果，解脱不是用肉体受苦就能获得的，不主张无意义的苦行。如果不能忘怀肉体，心则无法清净，心不清净，则一切污秽难除，不能得到最终解脱。修行不能仅注重形式，内心的清净才是根本的解决之途。再说，磨难不是你去找就有，任何事情的出现，都有因果关系。

我思忖，法师所言，句句皆在道上。六祖慧能不认可渐修，而主张顿悟。何谓顿悟？古德有言，顿者，顿除妄念；悟者，悟无所得。提倡经受磨难，属渐修范畴，所以不如顿法，也许还不够契合禅理。可能还只是世间法。

天色暗下来，我们往回走。走到橹断泉处，法师说，我来喝口水。他走近泉水，拿起一只扣在竹茬上的瓢，舀起水就喝。他甜甜地舒一口气，然后用手臂揩了一下嘴，便继续往回走。

后来，我约莫悟出了一点，也许“得麽”的意思，该套用《金刚经》里的句式：“所言得麽者，即非得麽，是名得麽”。是否也可以这么说，所谓“得麽”，所得非得，亦非非得，不过是一种得了自在的状态。就像德林老和尚那样，从心所欲而不逾矩。

听水

翌晨，雨过天晴。

我跟满师说，去湛山草堂吗？他说，就去闭关房走走吧。我提醒他，你忘啦？闭关房我们去过了。那回我们四人一道去的。他笑了笑。我坚持要去湛山草堂。他没吱声，就出门了。

我想起居士们说的话，说满师最随便了，用斋时有什么吃什么，经常是吃剩余的清汤寡水。上回去湖北，他的证件和钱物全弄丢了。

走到玉渊潭边，我问满师，证件遗失是怎么回事？他笑着说，那是去厦门看姑妈，身上的身份证、健康卡和钱都被偷了。

我说，没有证件，怎么行？他说，我要这些有什么用？我说，没准有点用呢，还是去补办一个吧？他很干脆地说，不用了。

我问他，家里还有些什么人？他说，有一个姐姐，父母都过世了。我说，你出家时，姐姐同意吗？他说，她想得很开。

满师是甘肃天水人，替人看过门，打过工。在黄梅四祖寺净慧法师门下披剃，2008 年在深圳弘法寺受戒，在东林寺常住过一段时间，后到栖贤寺。后来又住庐山黄龙寺，一年后，再到栖贤寺。

满师博闻强记，《金刚经》《论语》《孟子》几乎都能背下来，《史记》也烂熟于心。

此时，一名村姑穿着花布褂，带孩子在溪道上玩，许是附近的村民。满师在孩子面前蹲下来，拍手说，来，我抱你。那孩子也不避他，蹒跚地走过来，伸出了小手。满师开心的样子一如孩童。

我催促满师快点走，他却说，今天不去了，太远了。他指了指山上说，在五老峰下，得走很远呢。我抬头望了望五老峰，它隐入云端里，变得更加缥缈，遥不可及，只好说，那我们到前面涧中看水吧？他说，好的。

头天下过大雨，涧水暴涨，水声喧哗作响，十分湍急。滩涂上的水草被水淹没，它们在水底仍然绽放着花朵。

来到临涧的高坡上，满师说，走，我们下去听听水声。脚一边往下探行一边说，生活就要简单，越简单越好。我明白，他是在说，有近处可以听水，就没有必要去远处。

他视力真不好，脚下一滑，一屁股坐在了斜坡上，手掌撑在地上，出血了。我说，小心一点哪。他说，不要紧的。

到了水边，我帮他选好一块光滑的大石头，他立即脱去鞋子，解开衣襟，仿佛那是多余的东西。他侧身躺在那里，在微风中陶然自乐。不到一尺外是白色的湍流，哗哗地响着。

我念起孔夫子之叹："逝者如斯夫，不舍昼夜。"满师抬头说，这句话有文学的意义，也有哲学的意义。过去心不可得，现在心不可得，未来心不可得。一切如梦幻泡影。

朱子在《论语集注》中说："天地之化，往者过，来者续，无一息之停，乃道体之本然也。然其可指而易见者，莫如川流。故于此发以示人，欲学者时时省察，而无毫发之间断也。"古希腊哲学家赫拉克利特说过："人不能两次踏进同一条河流。"

是的，很多思想，最终是殊途同归。

满师是东北煤炭学院毕业的，居士说他毕业证也扔了。我问他为何要扔？他说，不是扔了，是丢了。丢了就丢了，反正没用。我又问，证件丢了，难道不可以补回来吗？

在短短的时间内，我不知道自己为何要重提此事，大概证件在世俗生活中太不可或缺了。哪天我们要是出门不带上一大堆证件，心里就慌，就不踏实。

满师笑着说，起初，丢了毕业证，我想现在我是谁呢？后来我想，没有证件，反倒轻松了。他摸了摸光溜溜的脑袋，呵呵地笑起来。我也跟着笑起来。正如居士所评价的，满师什么都放下了。

回去的路上，栖贤寺的诵经声从树丛间传过来，在上殿做功课。我有些歉疚地说，耽误您了吗？他说，不要紧。

寺庙的钟磬声从不同的角度听来，忽近忽远，飘飘忽忽，感觉特别好。一些美好的东西也都是这样，扑朔迷离，似有若无。

我问他，往后有什么打算吗？他说，没什么打算，过一天算一天。

不过，他还是谈了一点想法：今后说不定回老家，帮姐姐的忙。我穷追不舍地问，怎么个帮法？他说，帮她种种地，她有七亩地。我说，你种过地吗？他说，没种过，但总是可以帮点忙的。

我说，这算是还俗吗？他说，修行不一定都在寺庙里。很多高僧大德就是在俗世修成佛的，自古以来就有耕读传家的传统。从他的语气中可以感觉到，他颇向往那种生活。

那天没去成湛山草堂，后来也没去，再后来，我一度忘了还有个湛山草堂。或许在满师看来，原本就是无可无不可，去哪里都一样，何必是湛山草堂？

栖贤四季

春

栖贤寺四季宜人。

很多人来过后，都会留恋，一留恋，就会重游。

祥浩法师曾说，栖贤寺最好的季节是春天。喜树刚刚吐出的嫩叶，经太阳一照，呈鹅黄色，透亮透亮的，连叶片的脉络都看得十分分明。

那年春天，正当喜树嫩芽初上时，我来到栖贤寺。

早上，太阳照进寺庙，喜树叶子娇嫩得像初生婴儿的肌肤，吹弹可破。四处清新，明丽诱人，散发着无限的生机与活力。好生之德，乃天地之心。我似乎明白法师对嫩叶欣赏的意思了。

栖贤寺素以古树名木著称，春天就是它们的盛宴。它们长出形态各异的

古杉树

叶子，稚嫩可爱。开出色泽不同的花朵，争奇斗艳。吐露着芬芳，宛若进入了众香国里，香气席地幕天，遍布十方。

我在一棵玉兰树下停住了脚步。这棵树平日看来有些老迈，甚至部分枯萎，却开出这么茂盛的花，一朵朵，就像一樽樽玉杯承接着佛祖普降的甘霖。寺庙原来有 14 棵玉兰树，现在只剩下 10 棵。

大殿之西，石人峰东麓，是一片竹林，如栖贤寺的一幅摇曳的壁画。老叶褪去，换上嫩绿的新叶，青翠可人。雨后，一层新竹噌噌地上长，像一队暗度陈仓的人马，瞬间便占领了阵地。有的经年老竹从旧殿的顶上探过头来，宛如钓叟垂纶于江干。月下竹影，婆娑起舞，则别有一番滋味。

每当春雨过后，庙里有几种树木长满了木耳，在阳光的照射下，一朵朵肥嘟嘟、透亮透亮的，十分可爱。居士们便忙乎起来，一旦有新发现，便欢快地惊呼起来。他们想办法从高树上采摘木耳。每次都是满盆满筐。这些天然的木耳口感特别好，脆弹爽滑。

有识别能力的居士还从周边林中采来菌菇。那是上好的佳肴，鲜美得不得了，再吃别的菜则滋味全无。

缘溪而行，满是扑鼻的花香，像香樟的气息，也像夜来香的香味。实际上，很难辨别是哪种花香，它是一种植物生机旺盛时散发出来的气息，让人感觉像是一场梦，心旷神怡，陶然若醉，以至不愿醒来。

夏

夏季，栖贤寺凉爽舒适，高海拔地带的凉风顺着栖贤大峡谷下行，鄱阳湖暖湿气流沿着峡谷上溯，在此交汇、拉锯，形成锋面，让雷雨恣肆暴戾的性情展露无遗。

雷雨过境，如大军压境，让人生起如何躲得过去之虞。石人峰上松竹狂

《庐山恋》曾在二十四潭取景

舞，峰峦势欲东倾；三峡涧中白浪滔天，巨石翻滚，暴涨的河水冲撞两岸，紧逼寺庙，左右相逼，上下交摧。寺庙却安然无恙，若非菩萨保佑，焉得如此？

每次暴雨过后，我都会及时赶去玉渊潭观水。潭水喧嚣奔腾，水石相激，互为吞吐，壮观天下无。无怪乎，古人将峡谷比作三峡。

相隔不久，再去看时，玉渊潭只余淙淙细流，可谓“其兴也勃焉，其亡也忽焉”。其实，峡谷也是应物无心，水来则盛，水去不留，违道不远也。

再次打量栖贤寺时，风雨过后，似乎瓦更红，墙更黄，从大殿传出的唱诵更清晰悦耳。

雨后初晴，大殿南面的树丛中，漆黑的背景上，萤火虫如宝石般闪耀。大多是淡绿色的，个别火红色。四野中，它们提着灯笼豫乐和游弋，或在寻找什么。

一次，傍晚散步，当我们走到槠树林时，却见法师回来。我问，法师怎么不走了？他说，那边有人洗澡。我“哦”了一声，明白了。当走到下面的碧潭时，听见有人在潭边戏水打闹，是几个年轻男女在游泳。

二十四潭就是天然的游泳池，我要是再年轻一点，也会像他们一样畅游。当年《庐山恋》一组水中的镜头，就是在这里拍摄的。

山居湿气重，夏天是除湿的好时机。有一次，黄昏之际，我跟着瘦瘦高高的玄钵师和老画家孙秉山越过山涧，顺着水渠流动的方向，到达一个隐蔽的地方。

入口处，长满了一丛丛金黄的野菊花。这是庐山惯见的一种花，常常被游客编成花冠戴在年轻姑娘头上。花径四五厘米，黄瓣黄蕊，八瓣八萼，学名为“剑叶金鸡菊”，属外来品种，原产美国南部，又称“太阳花”。

眼前，是一面朝西的大石壁，四周是低矮的植被。俯临三峡深涧，仰观高远的蓝天。我们脱去衣衫，光着上身斜躺在石壁上，放松四肢。石壁上

栖贤寺之秋

40多摄氏度，有点烫，但不至于炙人。储备了一天的阳光的能量便持续释放到我们身上。能闻到太阳的香味，就像刚刚晒过的被子。皮肤表面的汗液立即蒸发了，干爽了，继而通身发热，关节舒展，四肢百骸都舒泰起来。

就这样静静地躺着，闭着眼睛，只听见水声隐隐传来，凉风时而袭来，树木交荫，时鸟变声，不知夜之将至。此乐何及？真像陶渊明所描绘的那样，可谓羲皇上人。

秋

秋天的栖贤寺，呈现出醉人的美意。几乎找不到哪里还有这么美的枫树林，就算有，也不及这里高大、古老、壮阔。秋天是一年一度枫树的节日，是它们最辉煌的时节。

每到深秋，枫叶先是明黄，与寺庙的墙体成一色；后来，是火红，再到暗红，与寺庙的红瓦融合成一体。从石人峰俯视下来，栖贤寺在整个栖贤涧就像万绿丛中的一朵红莲。

秋天同时也是盛极而衰的时候，红得那么短暂，那么脆弱，经不起一阵凌厉的西风。

届时，枫叶飞来片片红。寺庙里外，屋顶地面，全是枫叶。刚刚扫去，又落满眼，“拂了一身还满”。特别是沿着水涧的那条石板路，几乎全被枫叶覆盖，难觅踪迹，车子走过，佝偻的叶子便发出枯脆的哀鸣，让人心生些许怜惜和惆怅。

它们本居高位，忽而飘飞落地，继而零落成泥，碾作尘埃。一切无常，无常是常。

秋天也是来栖贤寺看云的好时机。

坐在檐前树下，或者登上石人峰，或者去三峡涧，云从头顶缓缓驰过，

僧侣

或在五老诸峰缠绕不去。有时，云近在咫尺。雨中，云在石人峰肩盘桓；晨昏，云从二十四潭上烟波淡淡起。有时干脆云山雾罩，不辨人马，三峡涧满坑满谷都是云，云就在大殿的飞檐上、在古树的枝叶间，翻卷行走如游龙。

冬

冬乃岁之余，相对于其他季节，也许这个时段，更为闲适。冬季我有很多时光是在栖贤寺度过的。

此时是栖贤寺少有的宁静时光。

冬夜，天暗得早些，在茶室里稍坐片刻，待到寺庙的钟鼓响过之后，值勤的年轻师父甩动着长袖，大踏步穿过庙场，回到僧寮休息；不多的居士各自回到自己的房间。外面清冷得只余树木，不见一人。楼道里空无一物，寂静无声。

我便回到小木屋。窗外雨声淅沥，水流在深涧中喧响。拉开凳子开始看书写字，薄薄的墙板抵御不了风寒，只有早点上床和衣而坐，读几页书，倦了就拥被睡下。

天气放晴时，坐在太阳底下看书，暖暖的。流水就在小木屋下方的树丛中汩汩作响，涧中水落石出，水瘦如蛇，蜿蜒折行，而石头则变大变白变硬了，它们虽不发声，但似乎也在静静地流动。

高大的枫树因为落尽了叶片，干练省净，直指苍穹，变得了无牵挂，一身轻松。女居士抱着被子放在栏杆上晒。寺后古树稀疏的叶片中，阳光下的五老峰似乎在一点点地远去。

大殿里经声琅琅，在“打佛七”。大殿一侧的苍苔，青翠古拙。

每逢下雪天，栖贤寺则更加自远于尘寰，几乎就等于闭关。

冬天，栖贤寺脱尽繁华，趋于平淡，这和“为道日减”的特质非常契合。我想，也许最适合修行的时候，就该是冬季了。

小沙弥

上

栖贤寺来了六七个小沙弥。

他们是从山东平度大泽山来的，由一位女众师父和一位男性居士领着。说他们是小沙弥其实并不尽然，他们仅有僧相，尚未出家。

女众师父带着他们出来游方参学，先后到过一些寺庙。从云居寺下山后，就到庐山山南参拜东林大佛。恰巧与南昌的万居士相遇，万居士看到这些幼童，穿僧衣、理光头，活泼可爱，就喜欢上了，并介绍来栖贤寺。

他们一个个在祥浩法师足下跪地顶礼参叩。

这些孩子均为学龄前儿童，大多家境殷实，甚至十分富有。父母有的是房地产公司老板，有的是珠宝商。由于某种机缘，他们被父母送到寺庙寄养学习。

其中，一个孩子生来茹素，喜闻钟鼓之声，每到寺庙都不忍离去，父母只好依他。一个孩子在家吃什么都吐，一到寺庙就好了，接回家又吐，父母也只有让他住寺庙了。

来栖贤寺后，这些孩子每天日程安排得满满的。早上 4 点多，他们穿着海青，一边用小手揉着眼睛，一边迷迷糊糊地跟着师父去上殿，于是大殿里便回荡着新添的稚嫩的童声。他们还不及佛龛高，跟在大人身后甩动着长袖绕佛。有时队列慢下来，而他们的速度却没有跟着慢下来，便挤撞在一起。

吃饭时，他们边吃边玩，漫不经心。有时顽皮的孩子手痒，偷偷地打一下邻座的孩子，于是就打来打去。男居士看见了，用手背在他们的脑后敲一下。有的孩子犯规后，会被拎到墙根罚站。

有时，他们会滑下条凳，在地上爬，找掉下来的筷子或米粒。因为师父说过，掉下的米粒也要捡起来吃，不能浪费一粒粮食。

悟点，只有4岁，长得眉清目秀，特别招人疼，也特别顽皮。常含饭在嘴里，不吃，临到大家快吃完时，他就把剩下的饭菜倒给男居士，男居士轻声责备了两句，也就将剩下的饭吃掉。

有时趁着师父不在斋堂，悟点还会下位去，敲击引磬、木鱼等法器。他不喜欢女众接触他。那次他妈妈来看望他，他不让妈妈抱他亲他，好像不认识她。

斋后，他们便到场地上扫落叶。人还没扫把高，常常因为争抢工具而打架。随后，他们到茶室打坐。晚饭后也要打坐，还要在房间里背诵《楞严咒》。

有时，孩子们也会出来活动，在场地上玩老鹰抓小鸡。女众师父扮演老母鸡，呵护着后面连成一串的“小鸡”，大一点的孩子扮演老鹰。场地上一片欢叫和惊呼声。寺庙里一时热闹非凡。

有时，孩子们还比武。那次，悟航用手将悟星一带，悟星没站稳，摔在地上，就呜呜地哭起来。悟点、悟庭、悟可和悟赞，也相互拉扯交战起来。

很多居士站在一旁笑。祥浩法师喜欢孩子，也出来观阵。

起初来时是四个大人，后来走了两个，留下女众师父和一位男居士。男居士是个山东大汉，身材高大，戴副眼镜，不苟言笑，像个守护神般坐在孩子们中间，身子笔挺，吃饭时，菜蔬在他牙齿下嘎吱作响。

女众师父身形高挑，她像妈妈一样重点照顾两个小的。小的才三四岁，吃饭时一边坐一个。有时，她在厨房里忙完了，坐下来吃饭，还要喂两个孩子。一边喂一边还哄着，嗯，这一口很大，怎么这么会吃呀？真能干。好，

再来一口。

那段时间，每天都是女众师父下厨做饭，她手艺好，面食做得特别好。男居士多半去帮厨，他煎饼做得好吃，又甜又香。有时，女众师父问满师和我，俺做的饭好吃吗？我们连说好吃。那些天，几乎顿顿都有南瓜稀饭加馒头煎饼。

女众师父曾说，两个女孩大一点，会早点出家，四个男孩准备留在栖贤寺修习，时机成熟了就出家。话里充满成就感，好像说果树马上就要挂果了。

几个月后，这些孩子都走了。顿时，寺庙清静了许多，似乎也带走了一些生机。

下

隔不久，青岛的那位男居士独自回到栖贤寺，出家了，他是 20 世纪 70 年代末生人。

有一次，在茶室他告诉我，他喜欢栖贤寺这个地方，这里气场很好，根性不好的人很难待下去，喜欢修行的人则会得到历代祖师的加持。

我们交流读经的体会，他说自己喜欢读《法华经》，那些比喻很好懂，罗什法师翻译得流畅自然，明白易懂。尽管他的青岛话不是很好懂，但从他的眼神中看得出他的善良。他说过两回想和我一道去爬五老峰。可惜一直未能成行。

随后不久，那个最顽皮的小和尚悟点来了，同来的还有他妈妈。他妈妈也是出家人，法名“悟忏”，在大泽山剃度。

那次去庙里，玄绍法师不在家。对了，那位青岛来的男居士在栖贤寺出家后，法号“玄绍”。将近中午他才回来，并热情地喊我进屋喝茶。

从窗口看出去，大殿东侧有个小孩在尽兴地推着一辆童车跑，那是悟点。我问玄绍师，买了辆童车？玄绍师说，是的，上午去星子县城买的，花了250元，孩子没伙伴……玄绍师没说下去，但他眼里流露出浓浓的慈爱。

饭后，我邀请满师散步，走的依旧是沿溪步道。我们聊到了那个小沙弥，他现在不叫“悟点”了，改名为“玄琅”。满师说，他能文能武，2600字的《楞严咒》，他能完整背诵。

有时淘气了，妈妈就打他，他也哭。妈妈有时会罚他到大殿里去跪香，一跪就是两三个小时。满师摸着他的头说，别跪了。他不肯。给他支招：用嘴巴吹香，让它烧得快一点，他也不干。后来尿裤子了，就哭起来，喊妈妈。

不过，他平时不叫妈妈，而是直呼其法号“悟忏”。有时也跟妈妈开玩笑，弄得她不高兴时，妈妈就照着他的后腿踢过去，他便跪地哭泣。过后，祥浩法师劝慰他说，下次妈妈要是打你，你就说尼姑不能打和尚。

去年夏天的一个傍晚，我随意走进客堂，这里平素来人不多。昏暗中，我看见一个人影，他在佛龛前一只拜垫上斜倚着，见我来后，他才跪正。是那个小沙弥玄琅，背部全湿了。

我摸了摸他的头问，没吃饭吗？他低头不语。我问，是妈妈让你跪的吗？他依然不吱声。长长的睫毛扑簌着。我说，别跪了，吃饭去吧。我们都吃过了呢。

他声音很小地说，要到6点。我说，要跪到6点吗？现在是几点了？他抬起左手，让我看那只花花绿绿的手表。我用手摸了一下表盘，他竟然甩开来，不让碰。又重新伸过来给我看。天色已晚，灯光昏暗，我哪看得清？我只好看手机。告诉他，还差七八分钟。他沮丧地弯下头去。

我在靠墙的椅子上坐下来，查看我的微信消息。

一会儿，一个微弱的声音传过来，我才意识到，是那个小沙弥在跟我说话。他问我，几点啦？我一看，还差几分钟。就打了个妄语说，哦，到了，快起来吧。他不放心地问，到啦？我肯定地说，是。又上前去摸了一下他的脑袋，顺便将他拉起来。他扶着墙怯怯地往斋堂走去。

后来一次去栖贤寺，玄绍师走了，玄琅和他妈妈也走了，我也没问为什么，也许用“缘来缘去”解释比较好。

寺月

窗下看书，再抬头时，窗外的树叶一片片都已融进夜色中。

我摁灭房灯，里外俱黑。走出门来，方听到第一声钟响：“咣——”

钟楼里烛光摇曳，映出红光。今天轮到满师撞钟了。

这时，他又撞了一下，开始唱诵：“南无大方广佛华严经，南无华严会上佛菩萨。”声音有些喑哑，似乎受到潮气的干扰。他清了清嗓子，唱两声，仍然有些喑哑。他连着又清了两声，终于顺畅了，能唱到平时的高度：“伏请世尊为证明，五浊恶世誓先入。如一众生未成佛，终不于此取泥洹——”

他双脚立在木台子上，双手抓住两根拴着木槌的绳子，唱几声，就撞一下。有时接连撞十几下，满以为结束了，不料又唱将起来：“千百亿化身释迦牟尼佛，当来下生弥勒尊佛……”

耳听着他的唱腔，我已来到露台上。

此时，月亮透过高大的枫树，洒下斑驳的光影。已是阴历十二了，月亮圆了一大半。从香枫的空隙间，我找到一轮较完整的月亮，明净如玉。

禅堂朝南的一面墙上，亮如白昼。屋顶某个切面在墙上投下阴影，黑白分明。钟声一下一下地响着，那种神秘的元素似乎随之一点点地渗出。

向北看，五老峰轮廓清晰，山上岩石的裸露部分显出蛋白色的晶莹质感。月下的五老峰像一朵白莲，静美而洁净，不染一尘，让人联想到“千山同一月”的浩渺境界。

为了好好地感受一番山中月夜，我来到大雄宝殿前。大殿顶部的琉璃瓦闪闪发亮。大殿主体部分在月亮的映衬下，显出一种特别凝重的黑色来，像是黑铁铸成的，更凸显其庄重。

喜树高大的树干和稀疏的树冠，让月亮看上去更加遥远。其实，月亮从来都未曾变化，不因居高而大，也不因处卑而小。

场前树丛，点缀的零星萤火虫此起彼伏地明灭着。有时也在旧殿方向间或亮一下，好像神明偶尔睁开的慧眼，当然也可能是魔眷偶尔露出的凶光。

在斋堂前的玄关边，我坐下来，两只大水缸内盛开着紫色的睡莲。石人峰上方散缀着七八颗星，倒映在大缸里，被楼上的钟声撞得七零八落，载沉载浮。

此时，我听到茶室里传来箫声。一位爱好音乐的居士应在座者之请，将随身带来的箫从布囊中取出，即兴吹了一曲，吹的是《月光曲》。

此情此景，容易令人想起苏轼的《前赤壁赋》，想到时光的主题。月光让时光变得具有可视性，你能感觉出时间是白色的，能看到它一点一点地移动，亦即一点一点地离去。

然而，月亮是看不住的，即便你守候一整晚，眼睛也不眨一下，它照旧只顾我行我素地运转开去。

躺在床上，月亮西去，正好位于视线中石人峰的上方，注视着它，顺着它的轨迹移动目光，怀想风柯月渚、水清沙白，不忍睡去。

《金刚经》说：“一切有为法，如梦幻泡影，如露亦如电，应作如是观。”它并没有否定美的存在，只是告诉你，它们转瞬即逝，唯其短暂，所以

仰卧石壁，静听水声

美好。

显然，这一夜我甘愿为月所转，所以离开悟尚有很远距离，比月亮还远。

在这个世界上，月亮、雪花和花朵等自然现象，即便是梦幻泡影，它们带给人美好的感觉，却永远都不会令人厌倦。

过去，我看月亮，看到的是传说中人文的月亮；现在，我看到的是浩瀚宇宙中自然的月亮。童年的月亮传奇而美好，如今的月亮则是唯美而静好。

以前的月亮让我想起神话故事。月亮像一块通灵宝玉，上面有嫦娥玉兔，有吴刚桂花。后来科学告诉我，月亮只不过是一面反射太阳光的镜子，布满了冰冷的环形陨坑。

再后来，当认识到太阳、地球、月亮之间神奇的组合，绝妙的格局，以及生命诞生的奇迹，我感到一切绝非偶然，率由天定。上天说要有光，于是便有了光。太阳负责白天，月亮负责晚上，对地球全方位、全天候呵护。一切都不可思议，不可说不可说。

城市和乡村的月亮，往往不一样。

城里的月亮，不过是万家灯火里挂在天空中的一盏，多一盏不多，少一盏不少，你甚至分不清哪是灯光，哪是月亮，似乎可有可无，它永远是城市孤独的局外人。

乡村的月亮，则几乎意味着全部，它仍是千万斯年不可替代的主角，参与乡村生活。它照孩童嬉戏，也照离人窗牖；照荷锄晚归，也照扇底凉风；甚至在孩子满月时，还跳进米粑的印模中，变成一个圆圆的祝福。

山里和湖区的月亮，也不一般。山里清明，湖区浩渺。而栖贤寺里的月亮给我的印象，又不同于一般的山里，它给人以空灵、冲虚之感，充满禅韵。

在贾岛笔下，“僧敲月下门”，推敲出来的是禅意，佛门乃如月亮朗照下的一扇不同寻常的门扉，一扇觉悟之门。

在《楞严经》里的“指月”之喻，以“指”比教，以“月”喻性，月乃佛性，乃真理。你须顺指见月，而不能见指不见月，也即《庄子》所言“得鱼而忘筌”“得兔而忘蹄”“得意而忘言”，《金刚经》所云“知我说法，如筏喻者，法尚应舍，何况非法”之意。

“千江有水千江月，万里无云万里天。”偈中的月亮也同此理。月亮，如明镜般明净，物来斯应，过去不留，正是菩提的属性。

在栖贤寺，我度过了许多有月亮的夜晚。每到此时，我都生出莫名的兴奋和喜悦。然而，过后我总感觉到一种不能把握的缺憾，一种空过者的怅惘，好像一缕清风、一捧清泉，绝对无法挽留，不存半点痕迹。

除了长时间地注视着月亮外，我还注意观察寺庙在月下所呈现的不同于白昼的形态。建筑的光和影，植物的明与暗，山水的动和静，因为月亮，都有了灵性，展现出迷人的色彩。

我也注意到，月下昆虫和鸟类的叫声让栖贤寺显得更幽深。甚至也注意到，人们入睡后，月下的栖贤寺显得更加庄重、静穆。

很想哪个中秋之夜去石人峰一次，以茶代酒，邀一回明月；很想月下去二十四潭听水，看看是否潭潭皆明月，是否都在波心荡漾；很想在月色溶溶中去松林徜徉，感受一番月照松林的胜景，看有多少根松针在忙着缀补光阴……

晓梦

早上6点半起床，一轮晓月在中天偏西。早餐后7点，月亮相当于在钟表盘上 2 点多的位置。我约上满师登石人峰，月亮从树丛中隐约可见。及至峰顶，太阳尚未出来，东方一片曙色，一线红霞呈水平状铺排开来。

走上竹塔，月亮在汉阳峰右上空几丈高的地方，只是小半已虚，变小了一些。天空渐亮，月亮渐淡。《庄子》中说：“日月出矣，而爝火不息，其于光也，不亦难乎！”相对于太阳，月亮便成了“爝火”。人们总是用“晨星晓月”来形容时光的短暂，此言不虚。

此刻，东方的霞光上已有一丝弧形的红光冉冉显现，越来越亮，越来越满。太阳出来了。这是我首次在栖贤寺看日出。

对面的五老峰、太乙峰的白色岩石着上了丹臒，绚丽极了。汉阳峰也被日光映照得鲜活起来。微风吹拂，东南面山峦因为氤氲的雾气，层次分明，宛如图画。

上山时，我一心想看一次完整的日出，所以走得有些匆忙。这时，满师叫我放慢脚步。他一字一顿地说，没什么必要走那么快。

当我听了满师的话，让步子慢下来后，心情也跟着平静下来。

他告诉我，今早快天亮时，他梦见两只老虎崽来找他麻烦。他没说下去怎么个找法。他还说梦见过蛇、鲤鱼、狗，还有水底不明生物。我说，你怎么老梦见动物？说明你是动物的好朋友。他说，我也梦见过人。

有一次他梦见和几个陌生人睡在一起，盖一床被子，起来后，天各一方，也不知道他们的名字。

他说，还梦见过自己的师父——四祖寺净慧法师，他在其门下出家，名字也是师父给取的，取名“孺”，就是还没成熟的意思。取号“崇满”，满是圆满的意思，是师父的一种良好祝愿。师父去世的前几天，他梦见师父在一座大山里举办法事，有很多的建筑，还准备营造大型工事。师父在法会上开示，黑压压一片听众。

他说，净慧法师待他很和善。我问，你离开四祖寺时，跟他打过招呼没有？他说，没有，他经常不在庙里。师父圆寂时，他已从黄龙寺到了栖贤寺，也知道这个消息，栖贤寺有人去了。他没去。他说，那么多人去，就用不着再去了。

满师记得净慧法师曾对大家说过，你们出家不容易，还俗却不难。满师接着解释道，我们都是吃五谷杂粮的，也是俗人。出家不容易，须经父母同意，眷属子女同意，还要与寺庙有缘。他说，出家有三种，一是出烦恼之家，一是出生死之家，一是出三界（欲、色、无色）之家。出烦恼之家，烦恼即菩提；出生死之家，了生脱死，证得真空妙有，要心能做主，念头能做主；三界之家，即“四大皆空”。

我问，佛家也有梦吗？不是“远离颠倒梦想”吗？他说，老子说“至人无梦”。梦即是情意妄想，而至人无情虑，绝思想，虽入睡，寂泊而不梦。可是，曾有记载，释迦牟尼也做梦，老子、孔子也做梦。我还能不做梦吗？

在竹塔上，满师讲了个故事。说的是一位修行人，比妻子大很多。妻子常趁他外出时，与一名小混混厮混。有一次，他半途还家。妻子赶紧让小混混躲进床下。吃饭时，修行人往桌上多摆了一副碗筷。妻子不解。修行人说，今天我要请客，你把他请出来吧。妻子知道事已败露，只好把小混混唤出来。

那个小混混吓得发抖。修行人说，坐下吃吧，今天我把妻子和家产都托付给你，要出远门了。他取出一把刀来，搁在桌上。妻子和小混混都面如死灰，两腿发抖。修行人对小混混说，今天你同意，就在一起好好过日子；若不同意，我就一刀宰了你。小混混答应后，修行人便去了一座深山中修行，居所旁边有一个湖泊。

不久，小混混吃喝嫖赌，把家败了个精光。此时，妻子念旧，做了一碗红烧鲤鱼送到山里。修行人笑着说，我现在吃素，不吃荤腥了。接着，他从碗里捏起一条条鱼，放入湖中，那些鱼竟然立即游动起来，活了。

满师说，从小时起，他就没有什么欲望。有时半夜有生理反应了，他就起来打坐，直到渐渐平息，再重新躺下来。

下山时，满师回忆起自己的太爷爷。临死前三个月，太爷爷对爷爷说，他不再干活了，他要死了。之后又到地里各处走了走。7月底，他还去地里安排了爷爷等人的活计。

八月初二，爷爷按太爷爷的吩咐，买了个西瓜回来，切开后，太爷爷每块只吃一口，这样，就当是自己吃了完整一个西瓜。他躺下来，把手脚放好，合上眼睛，就再也没有醒来。太爷爷吃西瓜之意，乃取其谐音，即去西方极乐世界。

太爷爷，即曾祖父。12岁的一天，他从家里出来，走到荒野中，却怎么也走不回去了。后来一位骑马的白胡子老头让他抓住马尾，将他带到了一个大户人家，也就是白胡子老头的家，给了太爷爷几十元，让他回去安顿好家，回来替他干活。

这之后，太爷爷就替那位老人种地，把自己赚到的谷子挑回家给他父亲吃。等到父亲死后，太爷爷再回去安葬，把自己的孩子一一送人。满师的爷爷有两个兄弟，弟弟被四川的一对夫妇收养了。

我们回到茶室。这时老画家一边摇着折扇，一边走进来。满师接着刚才的话题说："我爷爷……"谁知刚一开口，老画家就打断了："又是你爷爷说，唉，你还是说点别的吧。"大家就笑起来，满师也不再往下说了。

其实，跟满师熟悉后，他说得最多的还是他的亲人。

据说，满师小时候可能受过刺激。那年，他仅有的13岁弟弟不知何故夭折，爷爷奶奶不久也去世了。

小木屋

后来，寺庙在客寮三层靠北的露台上，加盖了三间木屋。

祥浩法师带我上去看过两次，他说那里安静一些，让我选一间。我选了可以听水的那间。

其时，张木匠正在敲敲打打，埋头做事，抢着给几间木屋收尾，声音在山涧中回荡。

不久，我就固定住在寮房北端三层的那间小木屋里，我拥有一把钥匙，像安了个家。里面持续散发出一股好闻的杉木香味。房间不大，十米见方，的确比较安静，是个看书写字的好地方。

我想古代的方丈室大概就这么大吧。《维摩诘经》说，身为菩萨的维摩诘居士所住的卧室，虽仅一丈见方，却能容纳两千狮子座，其法力不可思议。

然而，此室非彼室。我这间小木屋，可容一床一桌一书架，还有一个凡俗如我之人，足矣。陶渊明曰："审容膝之易安。"乃此之谓也。

知我喜书，法师还抱了一大摞书来，尤其是一些佛教经卷，这样一来，木屋的天地一时竟变得具有无限的可能性。

木屋与室外只隔了薄薄的双层木板，就像一个蒙古包，与万物最为切近，所谓体天地而合变化，这里也是亲近大自然最直接的居所。

窗外，是一棵大樟树伸展过来的枝叶，涌来满窗的绿意。叶片的间隙可以看见那座横卧山涧的单拱桥，岸绿桥白，水动桥静。桥的上方，隐约可见五老峰部分嵯峨的山体。

雨天，可以听见对面林场分部村民忽高忽低、忽远忽近的说话声，仿佛

栖贤寺寮房

来自山外。

每当我躺在床上，透过窗口就能看见橙黄的月亮从东山后升起来。稍晚时分，尽管它离开了窗口，还能通过观察窗外树叶反光的细微变化，看出月亮爬高了，颜色变白了。

有时隔了一阵没去，打开门，积满一屋子的杉木气息向我迎面扑来，醇厚得让我只能侧身进入，仿佛瞬间就被醉倒似的，不由得退后几步。待我调整好呼吸，站稳来，重新打量这间小木屋时，那股气息渐渐被补充进来的新鲜空气所冲淡。随后，那些杉木味像一杯清淡的茶，且冲且淡，让人感到舒适合口。

我喜欢这种原生态的气息，吐纳着，仿佛置身于森林中。每天我呼吸着它，阅读《禅林宝训》，诵读《楞严经》，写日记，进入梦乡。若是很久没去栖贤寺，我就会想念那里的杉木味道。

隔时不去，那里就成了昆虫的天地，也许还有别的什么。所以，我不在那里时，并不等于那里面空无一物，不是的。有形的，也包括无形的存在，都极有可能。我记得什么人曾经提醒过，每次开锁之前须先轻轻地敲门，告诉它们，我来了，请离开一会儿吧，这几天归我啦。

可是，鸠占鹊巢，久借不还的情况也有。一些扁扁的虫子在深秋的季节，从不易觉察的缝隙潜进小木屋后，床上、桌上、地下，到处都是，有的在爬行，有的在禅定。身上散发出一股树汁的青涩气，味道很冲。人们管它们叫“臭虫”。

我只好一只只请将出去。它们知道这是寺庙，不能拿它怎么样，并不急着离去，慢条斯理地爬着。可是，它们要走到什么时候啊？想到菩萨就在旁边，还不得不耐着性子。

栖贤大峡谷的风很大。每当狂风大作时，我就担心小木屋像一顶帽子般被刮走。那时，才真的不可思议，真正实现了“天地与我并生，而万物与我为一”。不过，这样的风险应该不会出现，木屋相对比较结实，四角还立有钢管呢。

有时大雨滂沱，屋顶的铁皮瓦就像一面大鼓，“嘭嘭”直响。我又担心小木屋迟早会被击穿如蜂窝，或者干脆趴下散架了。

窗外三峡涧的山洪骤涨，一条黄龙从树叶下方“隆隆”地滑去，不见首尾。涧边的青草一律朝下倒伏，呈线形贴紧涧底，一动不动。浪末木屑时沉时浮，颠沛流转。黄龙若遇巨石，则如雷奔兽斗，火车过境。水声、雨声、草木声，加以不时的电闪雷鸣声，三峡涧在翻江倒海中经受着命运的摧折。

小木屋似乎在强烈的震撼中上下跳动，左右倾摇。我担心木工师傅的枪钉是否足够牢靠，小木屋该不会分崩离析吧？

我拥紧被子，盘腿打坐，殊胜观想，捧经诵读。相信“飘风不终朝，骤雨不终日”。然后，内心慢慢地沉静下来。这时竟有心想起了几个句子：

窗外一夜雷鸣，
木屋整宵难眠。
明朝打板即起，
赶去玉渊看泉。

流浪的日子

过了好些日子，我又邀满师去爬石人峰。

枫树红了、黄了，喜树枝头结满了黄色的果子，造型像花朵。秋意渐浓，我心有戚戚焉。

前往石人峰的台阶上，落满了竹叶和松针，一些叶片还在纷纷飘落。举目四望，不难想象，漫山遍野无处不是落叶，让人体会到“无边落木萧萧下”的盛况。落叶之中，整个世界都慢下来，似乎在慢慢下沉，不知何时沉到底部。我想，这种“慢”正是满师所称许的。

满师边走边谈到他的一些经历。

早些时候，他曾去温州，同一家企业签了合同，结果一夜之间，他的包被盗。身份证、银行卡，还有各种证件全没了。那家企业说，没有证件不行。满师说，打短工行吗？那边说，也不行。

记得上回他说，证件是在厦门被盗的，这回又说是温州，我不知道哪个版本准确。莫非他屡遭偷盗？

随后的那些日子，他只有流浪。同别人合一床被子睡在公园里。有人巡夜，不让他睡。满师说，他们可以睡，我为什么不可以？公园又不是私人的，不行就去你家睡。结果管理人员让步了。

一位大妈找到满师，让他跟她一道收取车辆停泊费。满师回忆说，呀，有的给，有的不给，不给的，我也没办法。大妈说，我带你去一家寺庙吧，在农村，你去吗？满师说，行。

于是，大妈带他来到雁荡山山沟里的一家小庙子。

后来，满师住在四祖寺，之后又到了东林寺。

那年，他和几个僧人一起来栖贤寺玩，顺便到橹断泉打水，然后去附近转悠。几个僧人回到庙里说，满师不见了。他们等了一阵，还不见满师回来，就先回去了。

黄昏，满师独自回到栖贤寺。他摸着脑袋说，哎呀，在山上走散了，看到一块大石头，就喜欢上了，正好有点困，就在上面睡着了。满师醒来已是4点多了，回去有点晚，他干脆住下来，一住就是三天。

第三天，东林寺有僧人来栖贤寺，找满师拿钥匙，满师疑惑不解。僧人就告诉他，他的房间已经安排给了别人。第四天，满师不见了，有人说看见他在庐山黄龙寺。

一年后的一个暑期，满师像个江湖中人，来到星子县城，向一位居士打听栖贤寺怎么走。居士就把他带到栖贤寺。时值溽暑，他身上还穿着一条绒裤。庙里的厨师弄了一些饭给他吃，这样他就住下来了。

一天早上，我看见满师站在茶室的桌前，手捧一本厚厚的书，眼睛凑得很近，看得很入神，不时端起桌上的杯子来啜饮。其实，我不止一次看见满师在茶室里自斟自饮了，他不在乎谁留下来的杯子，见到茶就喝。

我走进去才发现，在昏暗的光线下，他正在看《史记》，而且还打着赤脚。说实话，我还从没见过打着赤脚读《史记》的呢！

我邀他出去走走，他却将大杯子的茶叶又泡了一次，不舍得浪费。他也不倒进小杯子，端起大杯子就径直喝起来。水有点烫，每喝一口，都要吸一口冷气。我说，慢点，我等你。

出门时，他并没有去找鞋子，而是去找棍子，然后他跣脚走到如锯齿般的场地上。场地上铺的是石材场拉来的还算方正的边料，上面残留着一丝丝锯痕，尽管防滑效果好，却有些硌脚。满师拄着手杖走在上面，显得若无其事。

走下了场地，是一条土路，好走一些，也还是有些石子。我问他，为何打赤脚？是练出来的功夫？他说，也不是，我的脚有点特别。我说，怎么个特别？他说，比较大。我看了一眼说，也不大嘛！他说，特别宽，所以鞋子难买。

我们散步路过玉渊潭，往下到了松树林，听到了几声长啸，好像是老画家。路上我们探讨的仍是《金刚经》。

回到茶室，老画家已经坐在桌子边看手机了。满师似乎有些渴，他端起那只泡茶的大杯子就“咕咚”直饮。

山寒水瘦

老画家就说，你看你喝的是什么杯子，是分茶的大杯子呢。等下你得洗干净。满师喝了几口后，真的去水池边洗涮，回来时笑嘻嘻的。他脸上全是汗，油亮油亮的。杯子很难说是洗干净了。

去栖贤寺看雪

上

冬天去栖贤寺看雪，这是近年常有的念头。

祥浩法师曾跟我说，栖贤寺的雪景很美，只是比较短暂。美好的东西都是短暂的。法师还说，栖贤寺的雪不及庐山顶上那么大，往往是点到为止，浅尝辄止。是的，栖贤寺对任何东西都不滞持，即便对美如精灵的雪，也是如此。

据说，2008 年那场雪，是近年栖贤寺经历的最大的一场雪。

临近年关，雪花漫天飞舞，下得极大，大到好像栖贤大峡谷都快被填平了。大雪封门，哪里都去不了。于是，师父们一手挟木柴，一手抱经卷，烧火、诵经。风雪中，不见人影，偶有野兽来寺客串。

没米没菜了，玄盾师等几位年轻僧人步行十几里，到县城采购，肩挑背扛着从山路上蹚过来，一路摸爬滚打，不知有几多回。

前年冬末的一天，早上醒来，我家窗外的云杉上落了一些雪花，地上薄薄的一层积雪，已足以印下一行足迹了。雪不大，好像天亮前刚下。我很兴奋，第一念是，栖贤寺的雪肯定大得多，我得去那里看雪。

九江的雪，闲抛漫撒，下过一阵就停了。这样也好，去栖贤寺的路就不用担心了。中午参加同事的婚礼，走在去婚宴的街道上，到处是融雪，有点打滑。

餐后，稍事收拾，2 点半，我不顾家人的阻挠，独自开车去山南。我甚至有些后悔，要是头天去过夜，这时就只管一心赏雪了。

原本担心路上会结冰，还好没有，山南几乎看不到雪景，可见九江还要略冷一些。

人事渐行渐远。正像一位朋友认为的那样，开始你是体验生活，到后来，你习惯了安静。当你再回到嘈杂的环境中时，你就更想逃离，你会发现你已经回不到原来的生活了。

我很能理解僧人出家后很难再回头，哪怕偶尔到市廛走一遭，那种纷扰驳杂也让他们受不了。这能解释为什么从寺庙回家后，我只想读读经书，打打坐，听听佛乐。

随后的一段路上，我想起栖贤寺史上的一则故实，曾经有过的一个非同寻常的雪夜，那夜的雪光旷日持久，还一直映照着现在。这也是我如此热切要去栖贤寺看雪的直接动因。

南唐时，龙首崖有位禅师叫行因，深得中主李璟赏识，被礼请来栖贤寺做住持，可他还是习惯于草衣木食，岩栖涧饮。于是他雪夜逃回了原地。路上留下的，是他一个人深深浅浅的脚印。从栖贤寺到龙首崖，山路崎岖，不知其道里有几何，他是如何飞越的呢？

我想，行因和尚并非出逃，肯定是将这次出人意料的出行当作一次禅修，他达到了目的，而常人是难以企及的。

下

正想着，已来到栖贤寺。

这里并没有想象中的大雪，甚至比九江的雪还小。我暗笑自己有点北国人到南国看雪的味道。

祥浩法师在茶室待客。来人是一位女众师父，她眉清目秀，脸色红润，戴了一副眼镜，看上去很知性，也很年轻，是从抚州宝积寺来的，那里是曹洞宗祖庭。她不时跟法师说上几句，将白色手机上的照片或什么找出来给法师看。显然，他们在谈论彼此熟悉的僧人或寺庙。

法师见了我，很热情，关切地问我，路上可好？我说，挺好的。随后我问法师，栖贤寺上午可曾下过雪？法师说，下过了，稀薄的一层，很快就融化了。我微有憾意。

之后，我在寺庙逡巡，想寻觅这场雪留下的蛛丝马迹。

随后，我独自登上了石人峰，不信找不到雪的踪影。可是，只在竹塔的缝隙间看到一点残存的雪霰。真的如梦幻泡影，我怎么也赶不上雪化的时间。

可是，当我向北望时，几乎所有的兴奋都重拾回来了。

五老峰已完全成了白头翁，太乙诸峰尽在皑皑白雪覆盖下。就连稍近的毛笔尖也像织进了茧子，白绒绒的。再往下是地处高海拔的白鹤观村，也被迷雾紧锁。

我仿佛听到那里的树木在透明的冰凌包裹下，经风吹拂，发出“吱吱”的碎裂声。一切都裹进铠甲，似乎凝固了。山岭变得诡异，更加陡峭，坚硬、生冷得像钢铁，像铜墙铁壁。

跟栖贤寺史上的那场大雪比，眼下的雪可谓小巫见大巫，似乎远不足以还原当年的情景。当时要从山道上穿越，几乎是插翅难飞。行因和尚究竟是怎么走的呢？

我分明看见，他一步一滑地往深山里走去，他不是行走在雪山上，那是行解相应，是一夜成就的六度万行，是布施、持戒、忍辱，也是精进、禅定和般若。

栖贤寺雪景

如此说来，我真正要来看的并非雪，而是追慕一位高僧大德的高风劲节。

走下石人峰时，我彻底释然了。

8 点半，上大殿诵经，这是七天诵《楞严经》的最后一天。每天诵一遍，早晨三卷，上午三卷，下午四卷，共十卷。

大殿里，课桌分列两边。满师抱来一床小棉被给我盖在膝上。可是，小师父们念得太快了，跑火车似的。开始我尚能勉强跟上，后来只能看字了，稍不留心，连字都找不到。2 个小时下来，我只能记住“因指见月”“若能转物，即同如来”“倘有言说，都无实义”云云。

事后，法师告诉我，只要读，不求懂，在读的过程中只须做到口念耳闻，即可统摄收心，若是心无二用，即能默识心通。

我似乎明白，行因和尚之所以能超越雪夜重重障碍，终抵目的地，也是因为惟精惟一，用心专注，才自在通达而无有障碍。

大白狗

上

7 月初，和满师散步。

雨后，从玉渊潭北望，山体烟雾腾腾，这里一抹，那里一绢，变幻无穷。深锁雾中的山峰，瞬间又显露如海岛。清晰可见的村落，倏忽了无踪影。五老峰依旧神龙见首不见尾。眼前的栖贤寺，红瓦黄墙，清新如洗。

我们又谈到了《金刚经》，举出些回味无穷的句子，例如“庄严佛土者，即非庄严，是名庄严”，“说法者无法可说，是名说法”，似回旋往复；又如“若以色见我，以音声求我，是人行邪道，不能见如来”，似顺流而下；等等。

满师说，这也是一些老实话，释迦牟尼也是老实人，说的都是真话。如来者，从如实道而来。导物指迷，化成天下。

我想，谁说不是呢？只有真话才能起信。

穿过松树林，往山间走了一阵。回来经过橹断泉时，忽见一条白狗从栖贤寺方向而来，以小跑的速度，从我们身边匆匆经过，目不斜视。毛色有点驳杂，但看上去干净整洁，风纪良好。

荒野之中，它神色庄重，一副使命在身、不可耽搁的样子，让我颇觉蹊跷。

满师说，它每天都这样。我问，它是从栖贤寺过来，去观音桥的吗？满师说，是的，每天两次。接下来，满师不肯多吐一个字，点到为止，似乎天机不可泄露。

这两头都是古寺，想必神与神、人与神之间需要沟通，这条狗风雨无阻、很有规律地往返，或许就是一位通灵的信使呢。

联想到头天下午在雨中散步时，这条狗也曾从我身边跑过，不快不慢，保持匀速，行军似的，也是这样专注于目标。只是方向与此相反——从观音桥往栖贤寺走。当时我有些吃惊，担心是狼。

这次又看见它，经满师那么一说，更觉得有些神秘。

“哎！”我向它喊了一声，它无动于衷。直到第三声，它才稍稍偏过头来，盯着地面，就像一个人不愿意被打搅，偏被无故叫停那样。顿了一下，又向前转去，速度一点也没放慢，完全是一副衔命奔走的神情。

我们回到苦槠树边的茶园，发现路旁有新刨的土堆。满师说，是野猪干的。又走几步，马路中间有一团碎毛，是鸟毛，刚才怎么不曾注意？肯定是昨夜暴雨中留下来的现场。雨中或许发生过一场夺命搏杀，不知是什么将这只鸟生吞活剥了，不留一点骨头，只余几许羽毛。

隔日下午，太阳出来了，女居士抱出被褥，晒在栏杆上。我看了一会儿书后，出去散步，不觉又走到涧边。

我想，在相同的时间，那条狗准会出现。我来回踱步。高大的松树筛下薄薄的日影，印在地面，白花花的，不时来回移动。桑拿天，有些气闷。

那条狗，这次要是出现，会从哪头来呢？

有两个年轻的妈妈，带着三个小孩在橹断泉对面的平台上照相。下方是奔流不息的玉渊潭，潭边一个胖胖的女孩在给另外两个女孩照相，她俩不顾告示牌的警告，赤脚蹚过溪流。而岸上的胖女孩横拿着手机，还一个劲儿地让她俩调整姿势。我真担心她们失足跌入潭中。直到她们拉扯着回到岸上，我才松了口气。

路边，一只蝴蝶停落在树叶上，很大的一只花蝶。我观察了一会儿，它露着腹部，一动不动，不像是给蛛网缠住了。莫非入定了？或已往生？我不知道，也不想惊扰它。

在那段路上，我来回踱步半小时，可是一直等不来那条狗。没准它发觉有人盯梢，便警觉了？

下

第二天早上，我和满师走出庙场，边走边谈。穿过松树林，往山上走。

我问满师，人死后有无灵魂？如果没有，怎么会有六道轮回？他说灵魂也是空相，会转化为实相。这有点玄，我似懂非懂。

就在这时，一股凉风吹来，我隐隐觉察到身后有物。难道说鬼魂，鬼魂即到？我回头的一瞬间，它已经走到我们的侧面。天啊！是它。我们谈论过的，一直等候的那条狗。

因为上坡，它的速度放慢了，但比我们要快。它一跃就走在我们前面了。爬高时，再次放慢了速度，似乎在思考什么，等候什么，或者在观察后面的情况。

我忍不住轻声“哎”了一声，它居然站住了，好像它一直等着的，就是这声呼喊。它回过头来，面无表情地瞥了我一眼，好像不怎么愉快，甚至有些厌倦。不明白我们为何注意它，打搅它平静孤独的步履。

很快，它又回转过头去赶路，恢复到起初的速度。说实话，我有些兴奋，尽管不招它待见，但毕竟又看到了它。我盯着它看，可转个弯就不见了，好像变没了。

它不是从栖贤寺来，要去观音桥的慈航寺吗？现在却往西南方向的山间走去，这么说，它偏离惯常的路线了？我问满师，它会去哪里呢？满师嬉笑着说，去山上走走呗。我想，一个负有使命的人，难道也会随意改变方向？我问，这条路通往哪里？满师说，前面有个庄户人家。多远？不远。

走过一个山洼，再转过去，是一条分岔的小径，两旁的竹子相向弯成了一个穹顶，穿过小径，果真有一户人家。

一位老人坐在门前喝茶。我问，老人家，这叫什么村子？他欠身应答，叫乌龟垄。他找来两张小杌子，随后端来两碗茶。我们坐下拉了一下家常。

老人姓李，他告诉我们，他家三兄弟都住在这条垄里，前面一栋房子是大弟弟的，常年空着，只在夏天有人住。再往前是他自己的老屋，很早以前就闲置了，而现在他住着的是小儿子的房子。他有两儿一女。水是从远处接来的山泉。垄里有竹林，还有茶园。

门口有棵杨梅树，挂的青果有布结的扣子那么大。老李望着杨梅说，不会再大了。我问他，可以结上二十几斤吗？他说，那怎么没有？我只摘二三斤泡酒。我说，剩下的怎么办？他说，随它。我说，让它自己落掉？他说，是，这种野杨梅吃起来酸，但泡酒的效果好。

随后，我转入正题，问道，老人家，刚才路上看到一条狗，是你家的吗？他说，是，喏，不正在那里睡着吗？

我顺着他的手指看去，果真屋侧有条狗。它躺在地上，肋部一起一伏。似乎知道我们在谈论它，它睁开眼看了一下，有些倦怠，好像纳闷：何以相煎太急？何以庸人自扰？它并没有吠叫，重新调整了一下身姿，又安静地睡下了。

老李见我对狗有兴趣，就说，这条公狗养了三年，蛮乖的，有时上山追野兔，叼来给我们。

我说，山里有狗做伴挺好的。谁知他却颇不以为然地说，狗能做什么伴？只不过是热闹一点罢了。

我意识到，自己有些失言。农家对狗看得很轻贱，根本不把它们当作伴侣，人是人，畜生就是畜生，分得很清，不像城里人豢养宠物，视宠物为儿女。

老李说，那年他住院，家里无人，大白狗就跑到栖贤寺后面的余家妹妹家去，一待就是四五天。偶尔会跑回家来瞧瞧，又走了。

老李出院后，大白狗也回家来住，虽两头跑，但多半在妹妹家。每回老李去妹妹家，回来时，大白狗就会把他送到栖贤寺，然后掉头，喊都喊不应，仿佛那边才是它的家，老李反成客人了。

后来老李准备了一根绳子，走时就将狗套上，它也不挣脱，跟着老李回到乌龟垄。

至此，我终于揭开了它身上的神秘面纱。它不过是一条普通的看家护院的狗，不带有任何特殊使命。只不过把一条沉默的狗与一座千年古刹联系起来，才容易让人多想。

往后，有一两年我没再见过那条狗，不知它是否改变了线路。

再次去乌龟垄时，我自然会问到那条狗的近况。老李说，不见了，或许给别人套走杀了吃了。

老李回忆说，那次大白狗从丛林中钻出来，威风凛凛地站在房前，嘴里衔了一只兔子，兔子还在挣扎。老李将兔子接下来，大白狗转身离去，却再也没回来。

老李将烟头重重地吸了一口，扔在地上，踩了一脚，直看着余烟散尽，不说话了。看得出，他在怀念那条大白狗。

夜访五乳寺

上

10月中旬的一天，下午2点半，我和满师从栖贤寺去五乳寺。那里曾是明末四大高僧憨山大师的道场，现已废弃。

行前，我问满师，远不？他说不远。一个小时够吗？他说，够了，可能还不要。我屈指算了一下，回来赶上吃晚饭，正好。

从乌龟垄老李家西边的竹林经过，我们开始踏上一条荒无人烟的古驿道。

有段下坡路，从茂密的芭茅间隐约穿过，里面有无虫蛇，也未可知。面对习习和风中起伏如缎带般的一川草莽，真有点举足不定。

我说，念《楞严咒》吧？满师说，不念，只在上殿时念。我说，那就念《心经》。于是，他开始念《心经》。之后，那段路还没走完，我又接着念。还好，未见一蛇，连虫子都没看见。

走出草地北望，五老峰又一次赫然在目，嶙峋奇崛，巍峨高峻。山回路转，移步换景，不知道这是第几次看到五老峰了，每次视角不同，都给人以全新的画面。

路过山涧，偶见山下的村舍或远处的县城，有天悬地隔之感。

一处的山嘴上，一两栋空屋散落在荒蓁野葛中，悄然倾圮，有些瘆人，像是要进村了。涉涧，爬坡，果真从一条弯路拐入一个古村落。

残垣断壁上烟熏火燎的遗痕犹存，昭示着过往的人烟形迹。他们曾在火塘边烤火煮饭，熏蒸野味。火光与灯光的跳荡中，有笑语喧哗声，也有埋怨声、詈骂声；有碗筷声，也有铁器撞击声，还有纺纱织布声。他们曾在此娶亲嫁女，生老病死。然而，眼下灰烬早已冷却，瓷片瓦砾散见其间，伊人则不知所终，颇有点远古部落的感觉。

从村落出来，歧路众多，有可能通往曾经的菜地，有可能通往砍柴狩猎的山场，也有可能通往祖先的墓地，还有可能纯然是上山或下山的路。不知如何下足。走一段，竟迷路了，又踅回来。莫非荒村有心留客？只好回到起点，重新择路，才走到正路。

先民活动的路，肯定是不难走的。后来长满了杂草，回到幽闭状态，就不易辨析了。

再次过涧，须上一段高坡。坡上杂草稀疏，光溜溜的，但坡段很陡。我担心脚下的北京布鞋帮与底分离，只好手脚并用，拉着竹鞭、搂着树桩朝前爬行。而满师已先我到达坡顶，正昂然而立，为之四顾，为之踌躇满志呢。

一条路朝上，一条路朝下。我们背靠背地观望着。现在我多少能体会到“杨朱泣歧”典故的意思，杨朱之所以临歧路而哭泣，因为它可以南，可以北。差之毫厘，谬以千里。

我询问满师，怎么走？满师说，向下走吧，上面可能通往山顶，走不到头；只要一直向下走，总会走到村子里的。他比我有经验。就这样，开始下行。

一棵树下，落满了莲子状的果子，可能是苦槠树子，可以磨粉做成苦槠豆腐。我俯身捡拾起来，装满一口袋。往后走起路来，那些果子便无事取乐般相互挤挨着，发出“嚯嚯”的絮语声来，似乎要驱赶寂寞，壮点声势。

中

走入山涧，太阳下山了。忽听见对面发出“突突”的响声，有人伐木？不管怎么说，这是两个多小时以来第一次听到人类的活动声，我多少感受到了自然之外的气息。

仔细看，对面坡上是一大片茶园。攀上茶园，看见一顶草帽随着机器的轰鸣声缓缓移动。喊了几声“师傅”，不见回音，大喊乃应。那人从茶树间走出来，个头不高，一顶草帽遮去了大半个身影。他手持钢锯，在给茶树整枝打顶。他告诉我们，此地叫高家岭，西边的群山是七贤峰。

可以清晰地看到，七贤环列，高耸入云，颇为壮观。好像七位圣贤，个个仙风道骨，手持拂尘，面朝东方侃侃而谈。

喏，师傅指着西边说，从那块大石头走过去，山口上有几棵樟树，进去就是村里，我家门是开着的，问我老婆，她会给你们指路的。

这样，我们经过那几棵樟树，则是一处别样天地。那是一个四面环山的盆地，是个村落。一栋方形红墙的老房子墙上写着“农业学大寨”的字样。田地长满了蒿草。对面一栋房子场地上，有两棵大桂花树。树下有一位老妇人、一个穿迷彩服的男人、一个抱孩子的胖胖的妇人。

我问那位抱小孩的妇人，茶园里做事的是你男人吗？他让我们问你，五乳寺怎么走？抱小孩的妇人看了一眼另外两人，三人之间开始交流意见，继而还有一些争论。后来，还是穿迷彩服的拿了主意。因为他说的那条路，是他前两天亲手砍出来的，很好走。

此时，已是4点半。我又问，到五乳寺需要多少时间？妇女又看了一眼另外两人。他们就说，半小时，顶多四十分钟。而当我们刚抬腿走了几步，他们就在背后议论开了：这样的速度，就不止那么多时间啦。

走上山岭，越过盆地。来到一栋房子前，门前那棵桂花树超大，平生未曾见过。厨房灶口有火光晃动，室内收音机在播放着星子大戏。空无一人。

门前洼地是片竹林，有说话声从下方传来，但不见人影。我朝空谷喊道，师傅，请问去五乳寺怎么走？一个男人回答说，从房子的西边小路，顺着电线走，就到了。喝口茶再走吧？不啦，谢谢！

5点，我们过卧龙岗，尽管屋舍萧然，但此地幽旷，有良田美池桑竹之属，是朱熹眼中的桃花源。这是朱熹知南康军时梦寐以求的所在，曾想解甲隐居于此，最终却没能如愿。

随后，我们来到一个山坳，更接近七贤诸峰了，暮色渐浓，更见得它们不似在人间。细数七贤，竟少两峰，只余五峰，看上去宛如五乳。

五峰之下有一栋房子。听见有人喊叫，止步静听，原来是为所养家禽驱赶野物。

我们问一位老人，五乳寺在哪里？他说，这就是。接着又说，寺庙早就废了。天都黑了，怎么不早点来？这里成了林场分部。他是护林员。

场地边缘，是一棵年代久远的银杏，树高数丈，树围粗大，需多人合抱。此时，上方的叶片已模糊不清了。树下一只大磨盘，还有一些老屋的础石。树临溪流，流水不断地带走它掉落的扇形黄叶。

我问，五乳寺还有些什么？护林员看着满地瓦砾说，就剩这些了。哦，山后还有一座憨山大师的墓塔。

天完全暗下来。要找墓塔已不可能了，只有留待下回了。我们也无心逗留于仅剩片石寸瓦的遗迹间，只能点到为止了。

回想起来，路上耗时过长，跟满师预期的相去甚远。返回栖贤寺已不作奢望了，最近的地方是万杉寺，看来只能在那里落脚再图他策了。前方的路还很长，关键是走在没有月光的山路上，不定有什么在等着我们呢。

下

当务之急，是尽快离开林场。我们借了一只手电，光亮仅能映出方寸之地。而沿路险峻之处比比皆是，如果不预想路况，就有可能跌入深谷，或者撞上岩石。加上满师和我视力都不好，真有些“盲人骑瞎马，夜半临深池”的味道。

我们几乎是一步一挪。满师说，干脆不要手电还好些。我们只能靠自然本能了。山是黑黝黝的，路是白色的，人是飘浮的，如幽灵般踽踽前行。

不知摸黑走了多久，直到我踩到了一样东西，才停下来。那东西圆溜溜的，“扑哧”一声，瞬间裂开了，散发出酸涩的香味。手电一照，是一个橘子。扫视四周，竟然满地皆是，不觉有些惊喜。往上瞧，树上也留了一半，尚在欲落未落之间。我摘下一个，尝了一下，又苦又酸，难怪无人采摘。

满师说，橘子要人养，无人照看或采摘，就会变得不堪入口。不知是何道理。

手电的光亮，映出一个村落。全都关门闭户，阒无人烟。山野中的无人空屋，比墓地还可怕。刚这么想时，才走几步，就走出了村落，不承想就来到坟场。此时清明花还在夜色中飘拂。

满师镇定地说，不急，走慢点，可以磨炼我们的心性。万一走不出去，就在屋前或者大石头上睡一晚，明天接着赶路，还要好走些。

还不急？再慢点走，恐怕真要露宿荒野了。他可以，可我怕不行。我猜想，他准是把山间夜行当成了享受，完全不在乎能否到达目的地。

此时，我看到天空隐约有几颗星星，山体黑得深沉，好像深渊，而我们还继续沉浮挣扎，不知何时是尽头。只有不断地说话，来确认对方还在身边。有时，我们与其说是在走路，毋宁说是连滚带爬，狼狈之状无以言表，好在夜色掩盖了一切。

从寺庙带来的零食早就吃完了，弹尽粮绝，只能干巴巴地瞪大着眼睛。但是，只有往下走，才有出路。走吧，我们继续徒劳地行走着。

后来还好，走到山的阳面，赫然可见山下的灯光，心里就不慌了。

转过一个山嘴，来到一处地方，竟然看到了房子，里面透出微微的灯光。在灯光的映照下，墙体泛黄，屋角上翘，不错，是寺庙。一看，居然是万杉寺。再看时间，已是9点半了。尽管摸索得够久了，但这一切来得还是有些突然。

一路花去了多少时间？从下午2点半到晚上9点半，整整7个小时。

在万杉寺，我们拜访了能行住持，吃上了一碗热腾腾的面，住了下来。清晨醒来，月在中天。

可是昨晚却不见星月，是否有意考验我们？

住山

等到我再次去栖贤寺时，玄治师，哦，就是那位戴眼镜的法师，饶有兴味地对我说，前些天他也去了五乳寺。他是同满师和玄净师三人一道去的。

他们在林场喝了茶，找到了憨山大师的墓塔，满师还从那里买了几斤银杏。路线与我们之前所走的差不多，只是没耗费那么长时间。

从五乳寺回来后，玄治师萌生了一个想法，他想重建五乳寺，并征询师父意见，师父也认为是个好主意。他便有了信心，草拟了一份报告，向地方政府提出申请。结果如何，没有下文，具体原因不得而知，可见恢复建庙并非易事。

不久，我从居士那里听说，玄治师又去五乳寺了，这回不是游览，而是住下来。他等不及恢复寺庙，就急着去住，看来他是真喜欢那里。

这年冬月，我来栖贤。走进茶室，恰逢祥浩法师和玄治师在座，似乎好久无声。我坐下来，听到师徒之间有一段简短的对话，似乎在尽快对前面的交流做一个总结。师父问，当时你看到什么情景？弟子说，是地狱。师父说，心平气和地过好出家的日子，就是修行，与参禅打坐无有区别。弟子不语，只坐一会就离席了。

次日一早，茶室亮着灯，从窗口看过去，玄治师戴着帽子在喝茶。

他感冒了，鼻子有些塞，说话瓮声瓮气的。他比别人穿得多，还套了件披风。他一杯一杯地喝着厨师帮他煮好的姜汤。

他朝我友好地笑了一下，请我坐，并往我杯子里注了点酱色的汤汁，一尝，又辣又苦，难以下咽。但喝下后，顿时暖和起来，通体舒畅。

他面带微笑地说，前几天，我在五乳寺住了五天，在老百姓家租住。我说，那里好哇。他说，你去住住看？我说，什么时候跟你做伴去那里住一回。他只是笑而不应。让我感到居住在五乳寺的那些日子，他并不好过。

我向来对住山之类的事感兴趣，架不住我刨根问底，他一点一点地抖搂出来，非常厚道地满足了我的好奇心。

玄治师自带被褥、大米油盐和灶具，乘车来到离五乳寺最近的一个山麓，租用一匹马将行李拉到五乳寺，自己则随马步行一个半小时。

五乳寺有个护林员，白天在外面干活，天黑才回来。有时他们说说话，在一个锅里吃过几餐饭。大部分时间他一个人过。

一天比一天安静，让人扛不住。加上风寒的侵袭，他患了重感冒，整个人四肢无力。

原本以为那里是个修行的好地方，能够了生脱死，可是后来心力一弱，这些想法便弱化了，修道用不上功。他问自己到底图什么。

就这样，住了不到一个星期，他向师父报告后就回来了。在栖贤寺养了一阵病，算是恢复过来了。

次年夏天，我看到玄治师时，他胖了一点。他主动告诉我，前几天刚从印度回来。农历七月，天气炎热，他从拉萨去尼泊尔，待了半个月。后来到了印度灵鹫山、那烂陀、王舍城等地，拜谒佛陀遗迹。

他兴致颇高地给我看他的手机，里面存放了此行的许多照片。印象较深的还是他在那些遗址打坐的照片。有的在菩提树或桫椤树下，有的在残垣断壁之间，身披袈裟，席地而坐。他说，那些圣迹都是景仰已久的地方，只有身临其境，才有真切的体会。

他还说，那里的人生活极其简单，但对精神的追求却很热切，你会相信佛教必然在那样的国度诞生。置身其中，会获得不同寻常的力量。

灰色的兔子

午后，我往苦槠树林那边踱步。珍珍在流通处的喜树下坐着。近前，才看清她在埋头绣十字绣，面前是一块绷紧的圆形布面，一旁的石凳上放置了一只笸箩，盛着各色丝线。她抬头朝我笑了笑，算是打过招呼了，又低头做针线活儿。

她脚下还有一只麻灰色的兔子蹲伏着，见人也不逃走，像一只小猫眯缝着眼，以适应场地上明晃晃的光线。

我问道，这只兔子是你养的？她说，哦，不是，是我救下的。说罢，珍珍放下手中的活计，朝兔子怜爱地看了一眼，抚摸它的背脊，便跟我讲述起事情的经过。

那天，珍珍看见一条野狗正在狂奔，追赶着什么。啊，是只兔子。野狗在一丛灌木前，紧急刹住脚步，但没能止住，还是往前多迈出了一步，撞在荆棘上，往回弹了一下。

它钻不进去，就压低前腿对着藏身其间的兔子一顿狂吠。继而用前爪胡乱地扒拉着草屑。兔子一动不动，无助地睁着大眼睛。野狗无奈，蹲伏下来，拿出守株待兔的架势来。

珍珍目睹此情，赶忙跑去，赶跑了野狗。她把手伸进灌木丛，抓住兔子的一条腿，轻轻地把它拽出来。抱起来一看，兔子还是被咬伤了，伤在腹部。珍珍将兔子抱回房间，替它洗净创口，敷上云南白药。

几天后，伤口慢慢愈合了。珍珍把兔子抱到野外，放回山林。可是，不一会儿它又跑回来了。屡送屡回。

现在，兔子索性待在流通处，赖着不走。它固定到一棵树下尿尿、拉屉屉，即使在别的地方玩，也会跑到那里拉。

一次，珍珍去了县城，那只兔子蹲在流通处北侧的大树下，像是在等候她回来，一副若有所失、心神不宁的样子。我蹲到它面前，它也不避开，只是有些不自在。它目光闪烁，抬起前爪抖一抖、弹一弹，好像想打破彼此的尴尬。显然，谁也不能代替珍珍的位置。

兔子几乎一步不离地跟着珍珍，上楼下楼，出出进进。有时我看见夜色中，珍珍从大殿前方飞跑，想必她是去替满师捻亮油灯的，好让他打鼓时看得清楚一点。那只兔子像一只尾巴似的，跟在她身后，一跳一蹦地斜穿场地。

出差多日，再来栖贤时，我看见满师独自一人在流通处的大树下看书，他在读《唐诗三百首》，不时在脚上或身上抓挠。我突然想起来问他，那只兔子呢？满师告诉我，珍珍回家去了，走前她抱着那只兔子，直到上车前才松手。前两天还打电话来询问满师，那只兔子还好吗？

珍珍是夏令营开班之前离开栖贤寺的。那帮小朋友来后，很喜欢兔子，喂它饭，抓到喜树林里逗它玩。不知怎的，后来就不见了。

这一点，珍珍并不知情，她还说，她想回来把兔子带回家养。满师在电话中问她，这么远，路上怎么办？好像那只兔子还在庙里似的。珍珍不吱声了。

珍珍还在电话里说，她和丈夫又吵架了，之后去了深圳，和妹妹在一块做生意，两岁的孩子照旧留给父母带。珍珍还说，那里的节奏一下子快起来，很不适应，还是留恋栖贤寺的日子。

珍珍一直都惦记着那只兔子，后来还打电话来问满师。满师怕她思虑过甚，只好如实相告：去了山林中，更安全了。珍珍在电话那头吸溜着鼻子。

满师告诉我，珍珍和丈夫是大学同学，一起生活了多年，前两年才要的孩子。孩子两岁时，珍珍将其交给她的父母带，自己负气离家出走，来到栖贤寺。

丈夫从微信上看到珍珍贴出的照片，才发现了她的行踪。他坐长途汽车来到星子县城，天还早，公交尚未开通，他就沿路打听，步行来到栖贤寺。

早上，他见到一位小师父就问，这里有个叫于珍珍的女孩吗？小师父说，有。丈夫问，她在哪里住？小师父摸着脑袋说，呀，不知道，我帮你问问吧。丈夫说，不用了，我自己找。他找到了。

夫妻俩吃过饭后，沿着三峡涧走了一个来回。他们似乎一直在讨论珍珍的去留问题，结果丈夫当天就回去了，珍珍依旧留下来，继续替寺庙做义工。

秋末的一天下午，中雨，我去了栖贤寺。雨点打在车篷上，“嘭嘭”作响。到栖贤寺，已是3点半了，雨也小了些。栖贤寺的红枫经雨水洗涤，红得艳丽，宛如美人迟暮，令人怜惜。三角形的叶片触目皆是，水池、窗台、栏杆和屋顶上都有它们的身影。

茶室的大桌边坐着两位小师父和几位居士。一边的小桌子旁也坐着两位年轻女性，她们在交流喝茶的体会。一位问，你身上发热了吗？另一位说，还没呢。一位就说，证明你身上淤堵着，还没疏通，所以才凉。

正饮茶时，一只兔子突然窜进来。一位女居士用扫把向它逼近，它节节后退。居士轻轻呵斥，它却不肯走。

女居士就喃喃地说，好好修行，下辈子不再做畜生啊！后来，兔子一路蹦跶，跳着出门了。谁知它又出现在斋堂和客堂中。

看上去，不像是珍珍救下的那只，要稍小一些。一位居士说，幸好是寺庙，要是在别处，怕早就成盘中餐了。

相忘于江湖

初秋，我来庙里，适逢满师刚从外地回来。我们沿着溪流散步，交流别后见闻。

夏季，祥浩法师让满师去大觉山寺庙，满师住了不久就离开了那里。他骑着一辆电瓶车，独自绕武夷山脉兜了一圈。一路上，风餐露宿，前后达一个月。

满师摸了一下新近打理的脑袋说，呀，挺有感触的。我说，是收获吧？他说，不是，是有点意思。我明白了，佛家常说实无所得，忌谈收获。

那辆电瓶车花费了他1600元。到浙江温州时，车子被人偷走了，他不得不中断骑行计划，提前回来。

那天已是下半夜，那个人背了一个背包，对满师说，你的车没牌照，是偷来的吧？过几天，又看见了他。这人盯上满师两三天了。

东西还不是被一次性偷走的，看得出是一点点剥夺。开始是包里的两个苹果，接下来是两个包，那是人家送给他的。最后才是电瓶车。

那些天，有电就骑着，没电就推着。有时在大山深处，荒无人烟时行走。累了就歇下来，路边倒头就睡。有时清晨 2 点多钟醒来，就接着走路。满师觉得这样特别自如。

在温州和丽水之间，有一处深山峡谷，是一个漂流景点，白天有人上班，晚上员工全回城了。山谷里空无一人，景点成了他一个人的道场，他睡在船上，一边念经，一边给车子充电。一觉醒来，不料水已涨平岸了，马上要漫过来。原来晚上下过大雨。他算醒得及时，要不就漂走了。

路上见到斗牛广告，他便顺着箭头所指方向，加入到高喊“加油”的观众中。他也曾跟着送葬的队伍到墓地，观看如何埋人。他还遇到过一位僧人，满师问，你住哪里？我跟你去行吗？僧人向庙子所在的方位指了指说，我可做不了主，这要问当家的。两人聊了几句就散了。

一天傍晚，满师看到一个玉米堆，就躺下来睡觉。这时两个村民路过，看见一辆车支在那里，没锁，周边也没人。满师的黄大褂的颜色与玉米混在一起，不易察觉。于是村民骑上车就走。满师醒来，发现车不见了，就一路追去，一边高喊，停下，车子是我的。那两人看见穿黄袍的人，不知是人还是鬼，扔下车就逃了。

每次充电，有人收钱，有人不收。有一个地方不让充，满师就选了一个三十块钱一晚的房间歇脚带充电。其实，这个晚上他是在外面一块石头上睡的。临走时，老板对他说，我开的是家小店，不怎么容易，住得满意的话，就多来几次。

他总共住店只有寥寥几次，大多是在露天或屋檐下睡的。

满师原本就没有身份证，在温州被盗后，身上只有所剩不多的一点钱。火车站不让买票，到火车站派出所办临时证件也没办成，最后只得搭乘温州到武汉的长途汽车回来。汽车停在九江加油时，满师下了车。他走到九江城里，搭车到海会镇，从海会镇搭到星子县城，再步行二十多里路才到栖贤寺，已是下半夜了。

散步回到寺庙时，我问满师要手机号码。他说早就没手机了，丢了就没再买。我问他，你姐姐要是找你怎么办？他说，没什么事情需要找。他记得姐姐几年前曾跟他说过，你要是在外面不想转了，就回来。

这次散步之后，我就再也没见过满师。

几乎每次去栖贤寺，我都会问，满师在哪里？回答总是“不知道”。后来我不再问了，知道答案不会变。没想到一次在茶室里，小玄琅不知为何竟提起满师。他说满师原来在秀峰寺，后来失踪了。我想他肯定还不知道“失踪”的意思是什么。

事实上我 10 月去过秀峰寺，问过一位居士。她说，满师早就不在这里了。我还去过四祖寺——满师出家的地方，询问一位准备上殿的僧人，知道崇满吗？他淡淡地说，知道。他回庙里来了吗？没有。

他会不会回庐山黄龙寺了？那是他来栖贤寺的前一站，似乎不太可能。还有九江城——高山寺呢？那里也留有他的铺盖。

满师去了哪里，没人知道。今后还会不会遇见，很难说。

很多人匆匆见过一面后，就永远不再重逢，这没什么遗憾。也有一些人，原本是非常熟悉的人，分别后却永无际会之时，不能不令人扼腕。满师于我或许就是如此。

而对于满师来说却未必如此，他一直都是了无牵挂、来去自由的人。在他看来，人生本该如此，物来即受，过去不留。他比我有觉悟，我又何必用凡俗的那点情谊来分辨他呢？

既然如此，不如用庄子的话来勖勉自己：“相濡以沫，不如相忘于江湖。”

参话头

“五一”下午，3点左右来到栖贤寺，路上下起了中雨。

祥浩法师不在家，要晚上才回。

庙里正在“打禅七”，参话头。门上、树上、墙上，以至台阶上，到处都张贴着纸条：“止语”“你是谁？”“谁？”“抱紧话头”。所参话头是：“拖死尸是谁”。

一个问题，一个疑问，让人的念头在“谁”上萦住，没有他念。实际是以一念对万念。然后，有功夫者再把那一念也消除掉，做到万念俱寂。

参话头，乃禅宗最具代表性的法门，入手简易，且开悟迅捷，只要抱住一个话头参到底，就可了生脱死。

所谓“了生”，就是用佛法的智慧面对和完成今生；“脱死”，就是不仅自己面对死亡时能洒脱自在，还能够帮助他人达到洒脱自在，而不至于眼光落地时手忙脚乱。了生脱死，并非长生不死。

《禅林宝训》曰：“夫爱生恶死，人之常情，惟至人悟其本不生，虽生而无所爱；达其未尝灭，虽死而无所畏。故能临死生祸患之际，而不移其所守。”

关于了生脱死，存在大小乘的不同。小乘解脱，即是“不受后有，不再轮回”；大乘则是超越了我执、法执之后，证得“生死一如”，会累世累劫再来人间，“来而不来，不来而来”。

在茶室喝茶，恰好朱居士也来了，他儿子没同来，这会儿在东林寺住庙。我问他儿子会不会出家，他说，我也不清楚，走一步看一步吧。他要是愿意，我也不反对。

前两年，我们有过一次交谈。他说，自己出身于乡下，望子成龙心切，非让孩子受最好的教育、上最好的学校不可。有心把儿子转到一所重点中学，那里尽是有钱有势人家的子女，孩子根本不受老师关注，举手发言都没有机会；稍有差错，就会被当众斥责、羞辱。孩子变得沉默寡言，自我封闭。结果成绩跟不上，身心也都出了状况，只好休学。四处求医问药，不见效。后来遍访寺庙，他孩子的精神才稍稍安定下来。

好心反倒害了孩子，朱居士很懊悔。现在什么都只能降格以求，他不在乎孩子今后有无作为，也不在乎结不结婚，有无子女，甚至不在乎孩子出不出家，只要是身心健康，就别无他求。

朱居士的儿子高高的个头，衣着朴素，但很整洁。喜欢独处，不喜交往，我几乎没看见他跟谁说过话，甚至跟父亲也不在公开场合交流。常见他在树林中踽踽独行，要么就是在斋堂和楼梯或楼道中出入，默然无声。看见人，眼睛就会迅速地避开。

朱居士是大学教授，课时不多，常来栖贤寺。他自己身体也欠佳。那些日子，我常听到父子俩念佛，或在禅堂，或在住所。声音里充满虔诚，有一种十分热切、令人感动的祈求。

我们有多时不见，谈了一下《庄子》。朱居士学《庄子》颇有心得。他说，读读《庄子》对不幸的人来说，是一种莫大的安慰。我们还就庄子的“虚室生白”与佛教的“明心见性”做了一番比较。

晚上，法师回来了。朱居士跟法师说，刚从栖贤寺请了一幅观音图，我儿子喜欢。看得出来，只要是儿子想要的，他都百依百顺。

朱居士想参加“打禅七”。一位少师父说，要事先报名，中途插进去怕不合适。朱居士有些失望。或许他这次就是冲着“打禅七”来的。法师跟少师父说，你去协调一下吧。

一会儿，贺清居士抱着外孙来茶室，跟大家说，这个小家伙刚才叫外婆，外婆没搭理他。难怪他看上去有些怅然若失的样子。

他外婆去参加“打禅七”了，很守纪，活动要求大家“止语”，她看到外孙也视若无睹。我两次看到她，本想跟她打声招呼，结果她面无表情，我也就作罢了。有一次，看到我迎面走来，她竟然中途改变了方向。

晚上，我去小木屋，那两段木楼梯上，也分别贴了两张提示——“抱紧话头”“拖死尸是谁”。

三楼平台的一侧，摆满了水果、糕点，两只电热水壶正在烧水，发出沸腾的声音。门口放满了鞋子，各色各样。禅堂里正在打坐。

我抬头看了一下我的木门，发现上面也贴了一张提示：“你是谁？”好大的字。

是啊，我是谁？这是我一直想弄清楚的事情。行住坐卧，迎来送往，行藏语默，出生入死，无不是因为有我，有我就有烦恼，欲无烦恼则须无我，去除“我执”。老子也说：“吾所以有大患者，为吾有身；及吾无身，吾有何患？”

“打禅七”之所以要人们抱住话头“拖死尸是谁”，就是要我们别太在意自己，七尺之躯不过是一具臭皮囊，一具行尸走肉而已。灵魂应该高蹈其上，抵达儒家所说的“至善”，佛家所说的“应无所住”。

打开小木屋，里面散发着杉木气息。那些佛教方面的书籍还在书架上，窗外树木的清香洋溢进来。

我洗了几件衣服，晾晒在平台的外侧。这时禅堂中途休息，我听见踢踏的穿鞋声。有人拍了一下我的肩膀，我一回头，是个姑娘，梳着高高的发髻，外面套了一件海青，里面是白裙，人挺漂亮的。她指着自己，嘴巴在张合，但不发声。我以为是个聋哑人。

见我不明白，她面露不悦，开口说，这是我的衣架，是我拿来的。她不停地指着自己悬直而秀气的鼻子，强调这个使用权是她个人的。原来她会说话，只是因为“打禅七”有止语的要求，看到有人动了她的一点东西，就忍不住开口了。

晚上9点左右，他们下楼去，木楼梯被踩得吧嗒作响，听得出，是一个一个下去的，脚步并不凌乱，但持续较长。其实，除了口头上的止语外，身体四肢也应止语，不妨调得柔软一些，脚步完全可以轻轻放下。因为只有减少外在的嘈杂，才能让位给内心的省悟。

第二天早上，打板用斋。我正在低头喝粥时，有人从我对面一晃，取去碗筷，我抬头看了一眼，是昨天找我麻烦的那位姑娘，的确长得端庄。这几天她肯定有所进步，但一遇到具体的事情，她似乎就难免退转，起心动念。然而，不怕念起，唯恐觉迟，真希望“打禅七”能大助于她。

有时，他们在场地上绕圈，有时去水边跑步，一个个气喘吁吁，可见平常缺乏锻炼。吃饭时，鱼贯而入。有时，他们在三楼平台上，枯坐半天，如入无人之境，相互间没有交谈，也不打招呼，直到结束，他们之间也许都互不认识。据说他们来自北京、上海、广州、香港等地。

第二天晚上，8点开始下大雨，整整一宿，小木屋声如擂鼓。我一晚都没睡好，迷迷糊糊的。窗外雷鸣电闪，强光下一切都变得惨白如骨，野外的树影山形，好像顿露原形，木魅山鬼，狰狞可怖。山涧中水声喧哗，如过江之龙，地动山摇。

本想赖床，弥补睡眠的不足，谁知清晨楼梯就响个不停，我不知道与山涧的水声相比，哪一个更响。“打禅七”开始了，人们陆续进入禅堂。

平时大殿里清晰的早课诵经声，此时在水声的掩盖下变得微弱而遥远。

我忽然记起来，昨夜曾梦见玉渊潭，得诗两句：“团碧成白，万斛箭射。”我想象着雷霆过后，暴雨如注，玉渊潭水激如车轮飞转。

走出小木屋，却见禅堂户外屐履满满，顿觉禅意浓浓。不觉想起了苏东坡《观棋》诗中的句子：“五老峰前，白鹤遗址。长松荫庭，风日清美。我时独游，不逢一士。谁欤棋者，户外屦二。不闻人声，时闻落子。……”

我独自去玉渊潭，一路都留下大水冲刷的刮痕，地面像被重重地梳耙过一遍。枯枝败叶掉落了一地。

站在玉渊平台俯瞰，涧中水流白如雪花，水石相激相磨，如白练下挂。玉渊瀑布顿涨数倍，岸石皆湿。潭底涡旋而鼎沸，仿若永无止息。

此时，五老峰烟云四布，峰峦隐现不定。天空竟然呈现出少有的湛蓝，下浮一层淡淡的红云，再下一层却是乌云翻滚，变幻莫测，排空而下，将石人峰从上到下罩起来。

北风吹拂，狂扫两腿，让人几乎不能自持，几欲栽倒，我赶紧回撤。

一场骤雨似乎加速了涧水的流动，加速了时间的消逝，让人感到生命曾不能以一瞬。

回到寺庙，庙场上的一幕让我惊异不已：满场是人，人群中有朱居士。但他们似乎都隐去了个性，纯属自然的含生的人，皆站立如枯木，一动不动，表情全无，好像你可以随便搬动他们。有点像被点穴，动弹不得。更像是后现代剧，具有一种泥塑木雕、时间静止的效果。

庄子曰：“形固可使如槁木，而心固可使如死灰乎？”在一切都变动不居面前，哪怕只有短暂的停留，呈槁木死灰之态，也许就能获得对永恒渴求的瞬间陶醉吧。我想，这也是“打禅七”让人体验到的另一种生命感悟吧。

事实上，我们顶多只能做到人为的假想的不变，而变化却是这个世界唯一不变的事实。

石佛寺住茅

相隔三四个月，我又去了栖贤寺。见到戴眼镜的玄治师，显得很亲切。我想，他总能让我出乎意料，这回会有什么新的信息呢？

在茶室，他一边慢条斯理地沏茶，一边不时笑着看我。我说，最近还好吧？想引他的话出来。谁知他笑而不应，只顾一口一口地抿茶。良久，他看了我一眼说，我去石佛寺住了一阵。说完，便忙着替我续茶，好像并无意于再说下去似的。

我以为听错了，就重问了一句，石佛寺？他笑了，回答说，对呀。他低着头吹了吹茶水，啜了一口，微笑着，似乎在等着我的后续反应。

石佛寺，我去过，是和满师一道去的。那年春天，我们从广佛禅院南侧，顺围墙外一条大路上行，大约一个小时才到达。道路两侧的竹子交会在一块，有的在一场大雨中倒卧地上，竹笋从各个地方争相冒出来。

从竹林走过时，满师甩动着长袖，还吟诵了一首禅诗："手把青秧插满田，低头便见水中天。六根清净方为道，退步原来是向前。"我查了一下，为唐朝布袋和尚所作。

石佛寺早已不存在了。可原来是个不小的道场，依山面涧，环境清幽。遗址上徒留一栋两层楼的房子，几乎完全破败。东侧的横屋大概是斋堂，里面还有土灶。这里曾是林场职工宿舍。墙上隐约可见"五洲震荡风雷激"和"谁放火，谁坐牢"等字样。

场地上杂草丛生，那些尚未毁坏的石制品，便掩盖在荒蓁野草中。房前一棵橘子树，无人采摘的橘子掉落成一地残红。

当时我和满师试图上楼去，楼板已霉烂不堪，满师刚一迈步，就陷入腐烂的木板中，踝关节被卡得鲜血直流，不得不就此打住。当看到暗中有游蛇滑动，有些地方还莫名其妙地响动时，我噤口不语，只是拉住满师，赶紧离开，越快越好。

见我懵然不解，玄治师扶了扶眼镜，忍不住“呵呵”笑出声来。他并没打算让我迷惑太久，肯定也不想让自己憋得太久。接下来，他叙述了此举的详情。

他独自一人在石佛寺住了十四五天，那里无水无电，也不用手机，只是一心念佛。

他花了3000多元，买了一辆摩托车，将行李运抵石佛寺遗址，包括一个煤气罐、单眼灶、大米、油盐酱醋、被褥。带去几本书，其中有《维摩诘经》。

交通不便，泥石路，摩托车是推上去的，路有积水，一打滑就栽倒在地，摔入泥水中，衣服脏了，车灯也弄坏了一只。那里无路，全都要砍出来。

他住的是原先留下来的横屋。三间房：一间厨房、一间卧室和一间小厅。四壁尚可，但破门穿牖，瓦损椽朽，不蔽风日。他在本该有天花板的位置，覆盖了一大块带条纹的油布，四周用砖块压住，好遮住屋顶上那些大大小小的窟窿。但下雨时，室内地面照旧是湿漉漉、滑溜溜的。泥墙上的窟窿，他用报纸或硬纸团起来塞住，挡住飕飕的冷风。

室内，一张折叠床，一只旧柜，几块木板搭起的案台。床上有一顶蚊帐。窗户用纸糊上。

晚间又湿又冷，只有多穿衣服。

每天早上5点起来打坐，6点早课，敲引磬，在临时设立的祖师牌位前燃香、念经。然后，从涧中提水，煮饭。饭后，念经。之后，在山上转转。砍伐草木，修缮房屋，可谓结茅为庐。累了就打坐。中午不吃，睡一觉。下午四五点煮饭，饭后引磬、木鱼齐发，做蒙山晚课。晚上基本不睡，处于半睡半醒的状态。

整天看不见人，连蚂蚁都看不到，周边没看见过蛇，只在路上见过。鸟类众多，不时惊飞。几乎每天晚上，当他敲响引磬时，一群飞鸟，七八只，绕着灯火盘旋。

他发现一个鸟窝，窝里有蛋，蛋是蓝色的。鸟有些特别，不大。早上取水时，还看见一只白色的野鸡。

第一次煮饭时，里面光线昏暗，只听到一声低吼，才看清墙角有一只大黄猫。它在发出警告，似乎说，这是我的地盘。后来，它还是选择了离开。

天黑就闭户，破门只是一个幌子，并没有实际用处。蜡烛点一下，就吹灭。此外，还有一只手电筒。

白天无人说话，看见的是云彩、天空。开始感觉环境好，看多了就不觉稀奇。

他想到一则故事，一位僧人被老虎吃了，土地公公责问老虎，为何食僧人？老虎说，他一句佛号都未念过。

即使没有老虎，风险依然存在。“文革”时，庐山有一位女众，住山，走火入魔，漫山遍野跑，不吃不喝，完全失控，后来死了。

住石佛寺期间，慢慢地，身体在消耗，人无法入定。起心动念无所依靠，陷入绝望。

农历四月初一的那天傍晚，天要下雨，人十分虚弱，感到空前的恐惧，身体莫名地抽搐。内心强烈地不安，无法镇定，几乎要癫狂。

开始下雨了，他担心自己会崩溃，忍不住跑回了栖贤寺。这晚他住在寺庙，能看见外面的光亮，听见人语声，心里踏实多了。

第二天，他回石佛寺收拾东西，决定不再住茅了，再住就会死去，可他不能就这么死了。

那一阵，很多的感念纷至沓来，是从前不曾体验过的。

他感到真正的苦不是皮肉之苦，而是内心的孤独。人都会伪装，只有在那种状态下，人才是真实的。

人处于极度恐惧之时，心力变得非常微弱，容易产生退转之念。内心开始下沉，慢慢突破自己的心理承受极限。

也许这就是人们所说的，要想不死，就得先死上一回。

晚上，当他绝望、害怕时，就想见阿弥陀佛，却怎么也观想不到。观想时，冷还是冷，热还是热，能量在流失。一切都在自欺。

他终于明白过来，一着相就错了。修道是求道，希望修出一个东西来，事实上佛本无相。起心动念即是错，往往落入邪见。所求实性，茫然无着。一念对万念，万念是错，一念也是错。所求不同，结果是一。

其实住山，吃住不是问题，根本的问题是境界不到，未必住得下去。跟闭关不同，住山是清净兰若。

终南山多有人住山，深山、浅山、路边都有，长安城里的居士每月送米送油。住山须到佛教协会登记，每月补助几百元。居士分批运送物资到一个点上，僧人去取。人还是离不开五谷杂粮。住山者，什么动机都有，但不管怎样，他们都有各自的需求，通过隐居，也许可以克服自身的障碍。

三祖向四祖开示时说，无人缚你，还要解脱吗？谁缚尔？真的没人束缚你，束缚你的是你自己。但人需要作茧自缚，又要破茧而出，否则只有死路一条。然而破茧而出谈何容易，须经历脱胎换骨般的痛苦磨砺。

……

十几天下来，玄治师带回一大堆感受，那些东西把他原有的一部分挤去了，所以他瘦了很多，轻松了许多。

最终他体会到十分真切的一点：寺庙作为丛林，让林下人得到依止，益于栖心修道，助佛宣化。当你真正无所附丽时，就活不下去了。

教中有言：勇猛精进，自强不息者，则三昧易成，彼岸易到。

不管如何，玄治师可是一直在行进着的。

画功告成

再去栖贤寺时，老画家离开了寺庙，回到了妻子、女儿所在的婺源县。

我有些失落，同时也为他感到欣慰，毕竟他年事已高，有家人照顾，可以优游卒岁，安度晚年。

后来，我随祥浩法师和贺清居士去景德镇，顺便去婺源县城看望了老画家。他带我们走进一个房间，整面墙都是那幅《大悲咒》，尚未完工。老画家每天都扑在上面，用心勾勒。妻子给他做助手。他搓着手欣喜地说，快了，快完工了。

2017 年重阳节，从老画家的朋友圈里，我看到一条期待已久的信息，不由得眼前一亮。随后，他还特意给我发来几张图片，将喜讯告诉了我。

这天，老画家历时三年半完成的长幅巨制《大悲咒》，在古观音禅寺举行开光法会。老画家现场为缁素二界解读了画作的创作过程和文化内涵，将其生命智慧的结晶同大家分享。

终于，《大悲咒》揭开了美丽而神秘的面纱，显现出了观音菩萨慈悲而庄严的姿容，毫光四溢。画作被正式命名为“千手千眼观世音菩萨大悲心陀罗尼画卷”。

我不懂绘画艺术，自然也不好将之与栖贤寺传世之宝《五百罗汉图》相提并论。但我想，该画作是在栖贤寺酝酿，并完成了创作主体部分的，它充满了那里的元素和气息，得到过历代祖师的加持。它是栖贤寺深厚笃实的文化底蕴，与方兴未艾的中兴昌明共同作用，加上老画家不可多得的艺术才华等诸多因缘孕育出来的又一重大佛教艺术佳品。

祥浩法师得知这一消息后，心生欢喜，他说，该画构思如法，创作认真虔诚，画的是佛像，本身就是一大功德。

这两天，我有些想念老画家了，随手翻阅他的朋友圈，不期看到一个他转发的视频，是他妻子制作的《再访栖贤寺》，显示的时间是 2017 年 12 月下旬，所配背景音乐充满着对往事的怀恋。

镜头记录了重访栖贤寺的珍贵画面：早上法师亲自下厨煮面；宾主在茶室里品茗叙旧；老画家在场地上同老居士合影。

在法师的陪同下，老画家重游了栖贤寺至观音桥三峡涧那段经典线路。他们穿过松树林，一边缓步行走，一边款款交谈，好像时光并没有离去，一切又回到了从前。

似乎什么都没变，又似乎什么都变了。然而，什么都抵挡不过时光的步履，它在一点一点地抽走我们暂时拥有的，直到最后拿走一切。跟时光相较，一切都变得无足轻重。

唯一的出路，也许只有像祥浩法师说的那样，只有了生脱死，方得解脱。而老画家的《大悲咒》巨幅画作，或许是在做此尝试，力图使生命之树常青。

古琴

五月的一个下午，茶室里，祥浩法师穿着蓝布褂，正同一位生命科学系的大学教授交谈。

随后，法师的一位颇有名气的书法家朋友，摆开阵势，提笔书写。他兴致高涨地说，今天在场者人手一份。

他帮法师写了一幅，是清代诗人舒天香的长诗《三峡桥》。这是众多状写三峡涧的诗歌中，法师认为最有气势的一首。诗中有这样的句子："千狮伏地吼，真有万牛力。水石一相斗，终古怒不息。"

法师特别喜欢这首诗。他常说，舒天香肯定精通佛法，因为诗中的意象是佛经所常见的，"狮子吼"，常用来比喻醍醐灌顶般的言教；而"万牛力"，则是称颂栖贤寺以法利生，无畏无阻。

舒天香是清代秀才，精理学，工诗文。曾游历庐山一百天，写下《游山日记》十卷。除《三峡桥》外，还写了《宿栖贤寺北楼》等诗。

座中还有一位艺人，在九江的一次晚会上，我看过他的表演，他会多种乐器，以箫管见长。他妻子则擅古琴，经常是夫妻联袂演出，夫唱妇随，珠联璧合。

在一位居士的提议下，这位艺人吹起了长箫，曲名为《阳关三叠》，箫声悠悠，在午后的斜阳里，颇有些西出阳关独行绝域的韵味。

喝茶之间，窗外又来了辆车。一会儿，焦雅娜居士进来了，身后还跟着两位同行者。我去年见过焦居士，她古体诗写得挺好，茶室里摆放的那块红似鸡血的石头，就是她赠送的。

这回，她看上去气色要好一些，因旅途奔波，两颊洇出淡淡的红晕。她本想来栖贤寺过年的，听说南方湿冷，担心受不了，还是选择去了海滨父母家。一俟春暖花开，她便急着来了。

焦居士跟那位艺人交流了一下制作古琴和箫管的体会，她在北方也办过一个古琴班，自己也趁机跟班学习，学得甚是投入。

我问她，是否把古琴也带来了？焦居士笑了一下，有点不好意思地说，带来了。

次日早上，吃过饭后，我们几人便穿过山涧，来到寺庙对面的飞来亭。

亭子隐蔽在一片丛林中，在古老而高大的三棵松树的掩映下，十分幽静。传说唐代诗人李渤曾于此展阅经卷。

在亭中坐下，四个石凳，刚好一人一个。说好是来弹琴的，焦居士也不推诿，解开琴囊，小心地取出一架古琴，放在石桌上。

焦居士敛去笑容，一时变得沉静起来。她整理了一下胸前蓝色的纱巾，在琴弦上随意地拨动了一下，音效还不错，大概是绿树簇拥得比较绵密吧。

不知怎的，每见女性弹琴，我总联想起白居易笔下的琵琶女，易生幽怨的印象。或许，焦居士身上也有天涯沦落人的况味呢。

她十来岁时离家去北京闯荡。当她创业有成时，丈夫却离开了她。尽管白天马不停蹄地干，晚上却常常睡不着，渐渐地，身体出现了状况。闲下来，她独自一人去旅行，去寺庙，尽量不给自己独处的时间。一个偶然的机会，她来到栖贤寺，感到了某种未曾有过的安慰和舒适，于是来了又来。

置身于山水之间，少不了要弹一曲《高山流水》，何况刚才有人就这样建议过。可是，焦居士却弹了另一首古琴曲《空怀若谷》。虽然曲中也让人看到了高山，听到了流水，但更突出的意象似乎是：云雾从山谷中漫过来，漫过来，吞噬一切，直至填满空谷，弥天塞地。

要说这种情景，在栖贤寺也并不少见。有时云雾涌起，把栖贤大峡谷整个抹平了，栖贤寺也被云雾锁住，只听到钟声穿越出来，在云层上空回荡，扩展开去。

随后，焦居士又弹了一曲《无尽的慈悲》。

说实话，她的手法还不那么娴熟，但借助山水的力量，音乐却有着超强的感染力。下方玉渊潭的水声，周回无边的松涛声作古琴曲的背景，让人产生地老天荒之感。而举目所见的五老峰，白云暧暧，未有竟时，则有不似在人间之意。

雕像

上

从楼上的窗口看去，老孙在那棵高大的枫树下又敲又打，声音虽不那么大，但听起来足够清晰。那是工具作用于树木发出的“咚咚”声，天然拙朴。

这年头，有谁还在干纯木工活呢？木工变成了装修工，手工家具成了组合家具。原木的用途在弱化。

可是，老孙做的不是家具或用具，而是一尊菩萨。

木料是从那棵高大的枫树上截下来的，有两三米高，横卧在地上，任由老孙雕琢。先是头部，延及其余，当然关键也在头部。

老孙侧身坐在树干上，面对略具雏形的头部，一手握着錾子，一手有节奏地舞动锤子，不时调整坐姿。他光着脑袋，斑白的头发里，是晒得发红的头皮。“梆梆”的声音宛如发自一面实心的鼓，在寂静的石人峰下回响，反衬出一种空灵感来。

晴好天气，老孙独自一人默默地雕刻着，他的另外一些工具诸如刨子和锛子等，放在伸手可及处，还有一个茶壶。

那棵高大的枫树俯瞰着下面的动静，好像它饶有兴味，倒要看看，取自它自身的一部分木料，最后会被雕成一尊什么样的菩萨来。

起先，这棵枫树像一座斜塔，以不易觉察的速度逐年朝东斜倾。终于有一天，祥浩法师发现了端倪：大树的根部齐刷刷地裂开了一条大缝。

这就是说，一头是大树粗壮的躯干和庞大的树冠，一头是深扎在地下根系发达的树根，二者在紧张地撕扯，而其中一个关键的侧根在对抗中发生了断裂。

寺庙人员赶紧跟林业部门沟通，征得同意，采取舍卒保帅的计略，请来了吊车，将最大的那根横枝锯去，以减轻压力，保全大树的安全。

锯下来的树干有两人合抱粗，横切面纹理密致，树质坚硬，没有一点空洞，散发出的气息清香好闻。

后来，搁置了很长时间。每次来，我都去看它，心里对它怀有一份敬重，因为它比所有人都活得久，见得多。本来它还可以活下去，可是在那一刻，吊车接近它的一刻，它的生命终止了，不得不从母体上分离出来。

风里雨里，这段树干的剖面由最初的黄褐色变成了黑色。香味也散发殆尽。它再也不能长出新叶，不能在秋天里变黄发红，不能在树冠上发出有力的低吼，不能参加整棵树或者树林的大合唱。

法师还让制香的姚居士收集一些零星的木料，拿去碾成粉末，制成佛香，质量堪称上乘。

草木通神明，老树也成精。或许受此启发，法师说，不如将那段树干雕琢成一尊菩萨。这样，老孙就来了。

老孙不是第一次来寺庙，过去大殿里的佛像就是他雕琢的。有一段时间，他们夫妻俩都住在庙里，起早摸黑地干活。

后来完工了，不做佛像了，老孙也常来寺庙住。有时还跟法师在僧寮的阳台上对弈，一打板就过来吃饭。有时下雨，老孙就站在檐前，摸着短短的发楂仰面看天。他是浙江人，说话跟他使用凿子一样，又短又促。但言语不多，独来独往，很少跟别的居士说话。

中

那一阵子，我来庙里，车子开上庙场的那一刻，就能看到老孙独自在那边忙活。有时锤子扬过头顶落下来，有时只举齐胸口就频频往下锤击。等到我停好车，打开车门，耳朵里就传来清脆的“梆梆”声。

在小木屋里看书疲倦时，我就下到二楼去看老孙做工。透过窗口看过去，几十米开外的林间空地上，老孙在阳光下显得并不孤独，一会儿弯腰俯身，一会儿侧坐树干；一边不缓不急地敲打着，一边似乎在轻声地跟菩萨交谈；即使不说话，也有点忘言得理、目击道存的味道。

我本不该打搅老孙的，他做菩萨须赶时，更须清静。按说造像不适合在露天进行，应该在一个隐秘的场所。人们乐于接受一位神灵穿云破雾，凌空而下，不惯于看到神灵在大庭广众下由别人一锤一锤地凿刻出来，这样似乎缺少神秘性。

可是，如果把整个寺庙看作一个隐秘场所呢？它原本就是神灵活动的道场，这样一来，问题也就不存在了。

那天午后，我信步走到那棵枫树下，老孙的捶打声驱走了我午时的倦怠。五老峰在远处的天空下静立，被叆叇白云缭绕着。老孙所在的场地笼罩在枫树密匝匝的浓荫里，营造出一方清凉的天地。

我问老孙，您不午休吗？他笑笑说，不困。我又问，准备做成什么佛像？他说，地藏菩萨。老孙的话一贯很少。他放下錾子和锤头，拾起地上的杯子，拧开来喝了一大口，然后放回原处。

他告诉我，2016年农历七月二十九日动的工。祥浩法师最初让他做观音菩萨，用斧子劈好了毛坯。中午吃饭时，法师忽然灵感乍现：今天是地藏菩萨圣诞日，那段枫木何不随缘就做成地藏菩萨呢？因此就改做地藏菩萨了。

接着，老孙从地上拿起一把刨子，用锤子敲了敲它的底部，侧目看了看，又轻轻地敲了一下顶部，便在树干的一小块面积上俯身刨了起来。他刨得很短促，所以那些刨花七零八碎的。

一会儿，姚居士过来收捡木屑了，将地上的小木块和刨花一齐放进筐子。我说，点滴不漏啊。她说，是啊，这些用来做香，都是难得的好料。

老孙将皱褶间的碎屑用指头一一抠去，然后吹了吹，又拿起錾子凿起来，发出"乒乒乓乓"的声音。

老孙雕刻出来的部分，虽然还需精加工，但已经有些神似了，让人以为菩萨原本就存在于那段木料中，毋庸多费斟酌，只须将裹在它身上多余的木片剥离开来即可。就像将它的披风次第解开，展现出它精美的轮廓和细微的枝节一样。

有天下雨，老孙提着那套工具穿过树林，跑到客寮的廊檐，将脑门上的水滴一一拂去。我瞅准时机跟老孙攀谈起来。

老孙是浙江天台县人，20 世纪 50 年代末生。起初他在生产队做事。那年姐姐回家跟父亲说，她丈夫愿意把弟弟收为徒弟，问父亲可否同意。父亲说可以。姐姐就把他领走了。

父亲 53 岁时有了他，村里人对父亲说，你这么大年纪，儿子去做学徒，家里就没人做事了。父亲便反悔了，第二天就跑了五十里，要接儿子回去。亏了姐姐耐心说服父亲，他才留下来。三年学徒期还差半年时，师傅和姐姐闹别扭，姐姐一气之下将弟弟带回了家。

他开始自己出去学着做，给戏班做傩戏道具，做床上雕刻。后来他去外地，在一个山沟里与另一个人合作做佛像，一口气做了二三十尊。接着又连续在两个寺庙里做佛像，名声慢慢打响了，甚至被邀请到南昌翠岩寺等大庙做佛像。从 25 岁到现在，35 年几乎没间断过。

说话期间，我不时朝树林那方看，寺庙北门一带，烟雾迷蒙，笼罩在尚未完工的地藏菩萨身上，飘飘忽忽，宛若化境。

老孙说，做佛像开工要放鞭炮，举行开光仪式。佛像里面要放置海马、五谷、茶叶、胡椒和五色线等，用以辟邪，祈求神灵保佑。

塑造佛像的经书《造像度量经》对佛像的比例大小都做了严格的规定。上升到经书的高度，说明这是极严肃的事情，不得有半点马虎，否则即有亵渎神灵之嫌。老孙不知做了多少尊佛像，如今，他技巧十分纯熟，图在心中。

不久，阵雨过去。老孙朝我笑了一下，像个绿林好汉般大踏步走进树林，在那段木头上俯下身去，敲打起来。

下

再度来栖贤寺时，那棵老枫树下老孙俯身雕刻的身影已不见了。我打开车门，也听不见“梆梆”的声音。好像少了点什么，似乎那个位置就该有个人在敲敲打打似的。

我一回头，猛然看见一尊菩萨矗立在大殿东面的回廊里。显然，就是老孙雕刻的那尊地藏菩萨，如今成像了。上下呈红褐色，没上漆，也没描金，很本色，很质朴，给人一种真实可信的感觉。

似乎是为了纠正我们一直以来的知见，这尊菩萨像启迪我们：其实，每一棵树中都有一尊菩萨。或者说，菩萨并非从天而降，众生即菩萨，每个人心里都有一尊佛，无须向外驰求，只要反求诸己，人人皆可成佛。

我又一次看到老孙。他显得有些轻松，告诉我，这段木料原有 2.6 米长，成像后长 2.5 米，直径 80 厘米。三四个人都搬不动，不得不动用机械，请它立起来。枫木比樟木要硬一倍，据说用来做房梁一万年也不会朽烂。

他以前没做过枫木的，不好做，这尊菩萨前后做了三个月。全身比例分布较难，而脸部尤难，仅头部就做了十多天，衣着超过一个月。手是用燕尾榫接上去的，没用过一颗钉子。现在让它晾干，接下来是做夏布、上漆和描金。

我不由得走到那棵老枫树下，向上看看那截断枝，似乎不那么突兀，也不那么让人惋惜了，因为能做到物尽其用，就该无遗憾了。这件雕刻作品，对它总算是个不错的交代。

地藏王菩萨曾发大愿："众生度尽，方证菩提；地狱未空，誓不成佛。"地藏菩萨广设方便，宁可自己不成佛道，也要专心普度众生，尽令解脱，体现了同体大悲、无缘大慈的博大情怀。

而那根粗大的枫树枝，不也是宁愿舍弃自己长生不老的机会，来成全整棵大树的世代绵延吗？所以用它来雕琢地藏菩萨，另续慧命，就再契合不过了。

学童

上

10 月下旬的一个周末，我去开先寺拜访一位曾在栖贤寺闭关的法师。我把车开进了栖贤寺客寮前，等候玄盾师同行。

这个空当不便做什么，又看不到一个熟人，正踌躇间，我看见斋堂前的水池边有一个小孩，手里捏着一点东西，独自玩耍。是哪个居士的孩子吧？肯定不是附近村里的。

我又看了一眼，才吃惊地发现，他是那个小沙弥。眼下难以让人认出来，纯粹是一个村童，头发很长，脸也黑了。他拿着几张硬纸片，我说，上面的字是你写的吗？他点点头，展开给我看，我拿起一张，上书："玉京小学一年级一班王卓"。

你叫王卓？他点点头。你的法号呢？叫玄琅。我说，你跟小朋友玩得来吗？点头。你听得懂他们的话吗？他说，你说句他们的话我听听。我说了一句当地方言。他点头说能听懂。几年后，或许他就会说一口地道的星子话。

随后我问他，妈妈去哪里了？去广州了。玄绍师父呢？住茅去了。在哪里住茅？山东。你想念他吗？他没有回答我，而是说，我也是那里的人。你玩什么？你的童车呢？坏了，轮子掉了一个，不过我山东的家里还有一辆。

两周后，我又一次来到栖贤寺，院子里的小叶香枫大半都红了。

这回贺居士夫妇带着女儿和外孙来了，还有几位远道而来的客人。晚上，祥浩法师邀请几方面的人一道喝茶。我和林老师坐一起。林老师是贵州布依族人，北大中文系毕业，“90后”，来栖贤寺静心读书，有志于“为往圣继绝学”。国学功底扎实。

正座谈着，小沙弥玄琅敲门进来，径直走向法师，站在法师左手旁，怯生生的，脸上有两团红晕。他可能是新近理的发，是僧人的法式。据说是玄盾师给理的。

法师侧过脸，俯下身来。玄琅说，师父，我的卷笔刀没有了，能不能帮我买一个？师父说，这个嘛，你原来不是有一个吗？玄琅说，坏了。法师说，那你自己想办法解决吧。玄琅站着不动。法师又问，最近张家的同学为什么不跟你玩呢？玄琅支吾着。法师说，你要和他们好好相处。玄琅点头。法师补了一句，记住了吗？玄琅点点头。

林老师补充说，你要主动去找他们。玄琅眼睛朝这边骨碌了一下。后来我知道，林老师受法师之托，负责给玄琅辅导国学。

玄琅有些羞怯地说，师父，明天早上6点钟，如果我醒不来，您能不能叫我一下？法师说，可以。

法师指着一旁远道而来的客人说，这两位居士和你是老乡，都是潍坊来的。玄琅看了她们一眼，长长的睫毛忽闪了几下，就低头走了。

我问法师，他妈妈来过吗？法师顿了一下说，来过，暑假来住了几个月，现在在广东云门寺打坐，每天要坐十一支香。每支香一小时，也就是说，每天要打坐十一个小时。

法师说，上学时一次帮他买了三十多支铅笔，现在只剩下几支了。

玄琅就是上回青岛来的六个孩子中的一个，其时他叫悟点，是最灵活的一个。后来他单独来栖贤寺投奔祥浩法师。他尚属学龄儿童，未到出家年龄，法师就送他去附近上小学。

一会儿，室外传来贺居士外孙的嬉笑声。贺居士说，玄琅跟小孩玩得挺欢，一离开师父，就能飞起来。

过一会，有人攀着窗口说话。看过去，隐约可见玄琅圆圆的脑袋。林老师转身呵斥道："你怎么能隔着窗户跟师父说话呢？"脑袋一下又缩回去了。

法师说，居士们太宠着他了。我不主张居士给他东西，发现了是要打手心的。他不敢接，但还是有居士悄悄地塞给他。太娇惯了他就有优越感。他原名叫"王卓"，一看怎么只有一条腿？站不稳，我就替他取了个"琅"字，为美玉之意。

中

翌日，晨钟时，我醒来，记起玄琅要上学的事。洗漱后，我直接去僧寮。玄琅住在108室，门上插了一把钥匙。我扭了一下，锁着。里面传来他细弱如猫语般的声音，等一下，等一下。

我站着等候，门迟迟不开，至少过了一刻钟，门锁才扭动了。玄琅出来了，抱紧瘦小的身子。他穿得很单薄，还有点咳嗽，随即麻利地关上了门，显然不想让人看见室内。

我推开门进去，他也没反对。小小的房间，一床一桌一椅，还有一个书架。

他一边咳嗽，一边叠被子。这时法师和贺居士来了。玄琅站在床上穿了一条棉裤。法师一边说着不用穿这么多，一边熟练地在柜子里翻找着，挑出一件牛仔夹裤，扔在床上说，把那件换下来，穿这件。

法师看了看地上问，你有几双鞋子？玄琅站在床沿，一手提裤子，一手点着摆在墙根的鞋子，口里还在报数，一双，两双……八双。哦，不过那双大的不是我的。

法师说，穿鞋吧。小家伙说，那双大的是别人的。法师说，我没叫你穿它，穿自己的。

玄琅下地了。他把桌上的几样东西归好位。贺居士说，师父每天都会检查的。一会儿，法师和贺居士离开了房间。我问玄琅，你怎么上学的？他说，张师傅骑摩托车来接。不过昨天他孙子叫我去他家等。

我问，你迟到过没有？没有，哦，只有一次。他忽然笑起来说，那次张师傅骑车上坡，摔倒了。我们都掉到地上了，还有他两个孙子。我是自己爬起来的，没哭。没摔着哪里。可是那次我们迟到了。

他背起一个大书包，关上了房门，往斋房去。大师傅替他装了两个馒头，问他，够吗？够了。他来不及了，只能带到学校吃。

出来时，法师正准备出门，往车上放东西。他叫住玄琅问，你买卷笔刀得多少钱？玄琅摸了一下脑袋说，八块。法师从座驾上拿来十块钱说，给你，你得把买来的东西给我看。玄琅说，知道，到时找回的两块钱我给师父送去。师父说，不用了，你自己零用吧。他点点头。

玄琅转身往张家方向走去。法师问，去哪里？他说，他们叫我去张家找他们。法师若有所思地说，那是应该的。我跟在他后面，刚上大殿后的平台，法师就在那边大喊，玄琅，玄琅。他转身往回走。法师说，张师傅来了。

果真，老张骑着摩托车等在那里，一脚支在地上。张师傅替他把书包放在前面的篮子里。玄琅走上中间的踏板，钻到老张的怀里，坐下来，像只小袋鼠，他戴着连衣帽，露出两颗门牙，笑了。车子“突突”地驶过场地，走了。

玉京小学在码头镇，离寺庙四五里路。

晚饭时分，我又看见玄琅了。他高兴地举着刚买的文具盒给我看，指着上面的图像问我，知道这是什么吗？我看了一下说，是变形金刚。不是，是奥特曼。我说，不是叫你买卷笔刀吗？他说，里面都有。他打开一条缝，里面还有三支铅笔。多少钱？八块。

居士帮他泡了一下碗筷，盛好饭给他。他端到厨房外面平台上吃。他跟我讲奥特曼的故事，并从口袋里掏出一些圆圆的卡片给我看，他都能叫出名字来。他说，给老师收缴过一次。我说，你得收好。

这时，一根筷子掉在了地上，他捡起来，直接放在碗里。我说，去洗洗。他说，不用。他把最后的那点饭吃完，又来玩文具盒。晚上，我去林老师书斋坐。他说法师要他教玄琅国学知识，小家伙没少挨鞭子。所以，玄琅见到法师和林老师就躲。随后，林老师有点动情地说，不过，他父母不在身边，挺可怜的，要给他一些温情，这种关爱是学校给不了的。

下

深秋的一天下午，为了修庙志，我去栖贤寺补充素材。到达码头镇，人开始稠密起来。原来是孩子们放学了。

路经玉京小学门口时，很多家长正在接自家的孩子。老张也等在路边，俯身坐在摩托上，玄琅背着书包站在前面。他们在等老张的两个孙子。

我停下车子，老张发现是我，就对玄琅说，天冷，你搭车先走吧？玄琅看了我一眼，又看看老张，犹疑地摇摇头。我问他，你不认识我啦？他不吱声。我说，那天还是我喊你起床上学的呢！他似乎不愿想起来。人越来越多，我只好先走了。从后视镜中，我看到玄琅小小的身子在寒风中瑟缩成一团。

我跟法师提起路上遇到玄琅的事，师父爱怜地说，前两天校长打电话来告状，说小家伙不肯吃午饭。很好动，上课时老师一转身，他就溜下座位去动同学一下。但脑子很灵活，考试总是前几名。

学校传他是和尚的儿子，有的直接说他是祥浩法师的儿子。

有一次，法师叫玄琅跟张家的二宝摔跤玩，他们在场上摔了半个小时，尽管玄琅比二宝个头高，但不如二宝结实，最后还是输了。法师心疼玄琅身体瘦弱，就跟特别喜欢玄琅的一个村民说，你每个星期把玄琅带回家去吃两顿，让他长壮一点。

法师还压低声音告诉我，小家伙还趁他不注意，经常跑到老张家去吃鱼。老张晚上打着手电送他回来。

事后，我悄悄地问玄琅，老张家的鱼好吃吗？他说好吃啊，并用手指比画着说，这么长的小鱼。我估摸着有两三寸，可能是山涧里的石鱼。

制香

《维摩诘经》称：在娑婆世界最上处，有佛土名“众香国”，“香作楼阁，经行香地，苑园皆香，其食香气，周流十方无量世界”。可见，理想国度，一定是芳香四溢的地方。

佛香的使用，源远流长。释迦牟尼佛为救度其母，曾上忉利三十三天说法度生。众弟子焚旃檀沉香为信物，上达天庭，礼请佛陀回到人间。从此，便有了烧香拜佛的习俗。

上

在祥浩法师的印象中，小时候点的香，真香。

那时，每至寒暑假，他都要去姨妈家学做香。

每天早晨去采集香料，看到前方植物上的露水被碰落了，就表明已有人或者动物经过，香料在夜间吸收的山川灵气、日月精华遭到了染污，就不能再采了，得另觅一处。

有一次，法师来到一个陡峭之处，看到露水已经掉了，显然并非人或牛马所能为。姨妈则说，黄鼠狼也会来吸收灵气，不可采。法师只得再寻他处。

每天采集的时间极其有限，荫处 9 点之前可采，阳光照到的地方，7 点就没了露水。所以，每次采回的十分有限。

所采香料多半为草本植物，挖取时有规矩，采小留大，便于繁殖，来年产量更高。另外，把大的好的留给山神土地，才不会触怒神灵。绝不会采大留小，或者大小通采。单株的不会采，成片的也不能采尽。

一种叫红藤的植物，根部一拉宛如收网似的一大串，好几斤，要是仅此一株，长得再好也不能采。如果被牛马吃掉，至少还留住了根部，来年还会生长。

香料采回后，得拿到山泉边清洗泥沙，然后放入簸箕置于高架晾干，再放在碓中捣碎成粉。所有材料均为纯天然，至少有 24 种，多至 36 种香料和合而成。

有一种叫香叶的树叶，可用来做黏合剂。香梗是削好的竹签，也须清理干净。

用于驱邪的香，与用于供养的不同。有种植物叫打鬼树，用以代替竹签做香梗，那种灌木丛生出一簇簇枝条，只比筷子稍粗，又直又硬。亡人火化时，点燃此香收殓骨灰。后来的香，就不再这么细分了。

那时制香不染色，呈青绿色，因香料不是晒干，而是晾干的，所以能保持原色。

姨妈做香极严格，成型时仍有诸多忌讳。不能说话，用毛巾遮住口鼻，不让呼出的浊气所污染。擀香时，在一间专门的屋子门口，烧一盆炭火，进入房门须从火上跨过，将身上的秽气去除。制香期间夫妻不能同房。等等。

中

幼年制香的经历，给法师留下美好的回忆，也就此种下了一个制香的夙愿。

他曾去大型香厂参观，发现生产环节多不严谨，比如香料堆放和加工过程没有严格的管理。有些香料发霉了，没有进行筛选。在粉碎环节中，甚至把塑料包装箱、袋也一起放入机器。多数成品香都是用玻璃胶作为黏合剂，再加上化学香料、染色剂，进行精美包装，最后流入市场。

大凡香的使用，一般在三个范围内：一是供养佛仙神道；二是祭祀祖先，沟通冥阳信息；三是净化环境，清神醒脑，达到养生目的。但是眼下制香的过程和流通存在诸多弊端：对佛仙神道不恭、不虔诚；祭祀祖先亡灵，不够圣洁；污染环境，危害健康。

供养和祭祀事涉庄严，只有恭敬虔诚，才能产生好的效果。所以心要真，体现在制香方面也要真。

用传统的方法制香，才能使香真实地表达供养佛仙神道、祭祀祖先的虔诚精神，不污染环境，给家庭环境和健康带来益处。

2016 年，法师以供养之心发心在栖贤寺专辟作坊，开始做香，他亲自传授王玲和姚淑华二位居士传统制香方法。

香以结缘为主，不搞市场销售。因为一旦进入市场，需要保证货源，在采集香料时势必过分采集，破坏生态，无法完全按照传统制作方法，容易形成工业化产品，破坏发心做香的初衷。

佛香是以富含香气的树皮、树脂、木片、根、叶、花、果等所制成的香料，一般有檀香、沉香、龙脑香、安息香等类。佛教惜生，取自动物的龙涎香、麝香等不会使用。

栖贤寺所做的香品类，分燃香、末香、熏香、涂香四种。其中燃香有线香和盘香等，末香用于佩戴和食用，熏香用于熏蒸，涂香用于涂抹肌肤。

我曾观摩过栖贤寺的制香流程。作坊位于大殿后右侧，原先遗留下来的老建筑物内。一字排开有好几间房，其中一间放置了粉碎了的香料，一箱一箱的，尽管封得严严实实的，但满室芬芳，香气扑鼻。

姚居士开了几箱，分别撮了一点给我闻，果真，香型各有不同，尽管我不懂，但闻上去很柔和、很天然的感觉。她如数家珍地告诉我，哪箱是何种木料磨制的，有什么特点。随后，又带我到成香的最后一个环节，一排排细长的褐色的线香，正等待下架裁剪。

再次看到姚居士时，发现她的一只手被纱布缠裹着。我忙问是怎么回事。她笑着说，没事，快好了。一旁的人告诉我，姚居士为了让香料便于快速粉碎，将木料尽量锯小一点，不小心弄伤了手指。十指连心。我问，还痛吗？姚居士却说，想到这是在消除我的一些业障，所以也没觉得有什么痛。

下

有关香的一些知识，作为出入寺庙之人，我也略知一二。

上香一炷、三炷、四炷均可。一炷为利益一切众生；三炷为供养佛、法、僧三宝；四炷为供养三宝和一切神灵。

香为清净庄严的代名词，是沟通冥阳两界的使者，具有精神属性。对此，《香供文》中做了精到的描述：

“此一瓣香，不从天降，岂属地生。两仪未判之先，根源充塞三界，一气才分之后，枝叶遍满十方。超日月之光华，夺山川之秀丽。即戒即定即慧，非木非火非烟。收来在一微尘，散去普熏法界……”

佛香充满禅意，有行香，还有坐香。香在此时的功用除了对佛菩萨的虔敬外，尚有计时的作用。例如坐禅，以坐几支香来计算用功的时间。例如“跪香”，即小沙弥等新进学人犯错后的惩罚方式，一次跪一支香。

法师曾经惩罚过一个小徒弟，罚跪一支香，三个小时。法师告诉他，如果从下方剥去香粉，他会发现的。然后把香和跪的地方隔开一二米，避免小徒弟吹香助燃。法师不时在楼上观看。小徒弟膝行至香前，正准备吹的那一刻，法师在阳台上低吼了一声，小徒弟赶紧缩回去。事后他解释道，看到它要倒，想扶一下。

有件跟香有关的法器叫香板。法师说，香板只打肩膀不打头，打一下是提醒，快速且响，并不伤人，以惊醒昏睡者，同时警示他人。若是打三下，就意味着迁单走人。

费老素描

上

祥浩法师不时会提到费老。这位老者是位有趣的智者。

2010 年，法师去西安专程拜访费老。见面后，费老说自己曾于深圳弘法寺方丈本焕老和尚处学道，也是皈依佛弟子，大家都是同道人。他热情地邀请法师去他家喝茶。

费老满室书香，一张大书案，一把古琴。他话语不多，也不喜客套。他们在书斋浏览一圈后，信步至古琴边。谈到学琴，费老打开了话匣子。

他说，打年轻时，我就和现实时务格格不入，在聪明的世人面前我纯粹是一个傻子。我想离群索居而不得，只能在心里怀想古人，尤其怀想魏晋时候的那些人。

费老特别向慕嵇康，向往其“目送归鸿，手挥五弦。俯仰自得，游心太玄”的淡远娴雅的精神意境。于是，他想学古琴，因为这是接近古人的一条有效路径。他从灵魂里发出对古琴的向往。有道是：“人过三十不学艺”，而费老都 63 岁了，却弄来一把好琴，开始学琴。他认为自己作为一个万物之灵的个体，因为弹琴又提升了一个境界。

虽说弹琴是他生活的重要组成部分，却不随便弹。他觉得琴不是侍女，不能任意役使。琴是古圣先贤，要恭而敬之；是恋人，绝不能亵渎。自从古琴进入他的书斋，室内就整洁多了。

费老弹琴很讲究，心境须是闲适。遇有天气晦暗、狂风雷雨、屋外有犬吠者，则绝不弹琴。

可是，今天在法师的提议下，费老却没有半点推辞，只说了句“我弹得不好”，就开始弹奏一首古曲。他极投入，让人感觉到，他将世事暂时抛开了，在跟古人进行精神对话……

费老书房名“陋斋安乐窝”。他的藏书不在版本，也不在内容和价值，用他自己的话说，“乃收藏一种破旧的记忆耳”。他好买杂书、怪书、旧书。而对正规、经典、大部头的书，则敬而远之。如谈蟋蟀的专著就藏有五种；民间秘藏方术类书数十种。偶一示人，常使一些乐此道者垂涎三尺。

费老家除了床和桌椅外，四壁皆书。多年来以此为乐，视书为传家宝。但近年这种自豪逐渐为焦虑所取代，原因是：子女对这些书毫无兴趣，管你孤本善本，将来势必被收破烂的拉去化为纸浆，作为饭店和宾馆揩擦肌肤的纸张。

费老好读书，称自己是一个不折不扣的书呆子。读研究生时，校方规定研究生可以进书库找书，他借机把书库翻了个遍。有一次中午下班时，他还欲罢不能，就被锁在里面了，在幽暗中整整泡了一天，出门时眼冒金星，天旋地转。

直到老年，他都没有看电视的习惯。有时偶尔在电视机前坐一会儿，子女便惊奇地看着他，问："爸，你不去学习，坐在这儿干什么呀？"

费老谈兴很浓。招待祥浩法师吃过晚饭后，他问，有何安排？法师说明来意，请他题写"庐山佛教文化所"和"栖贤寺历代诗文选"，他均不推辞，挥笔题写，并主动赠送手书的一幅《心经》。

法师准备出版《栖贤寺历代诗文选》，请费老为书写序。费老翻了翻打印稿，说收录的诗文有的牵强附会，稍嫌粗糙，一旦出版反而给人以不实之感，不能给寺庙带来文化上的优势。一本书印成铅字就难改了。这个序言我不便写。要写也可以，得重新整理。

之后，他们成为好友。每次法师去西安，费老都乐意会面，奉陪。

下

2015 年夏，费老和画家雷全璋同来栖贤寺，住了一个星期。他们在栖贤大峡谷及周边一带游览，早出晚归，游兴甚浓，不知倦息。

费老在山涧拾到一根形态古拙的树根，才一尺来长，甚是喜欢，把玩不止。回到寺庙，他将树皮剔净，呈露出白皙的骨子来。然后，他左右审视一番，戴上眼镜，一手操觚，一手握管，一笔一画地用蝇头小楷缮写《心经》。良久默无声息，中途仅扶过几次眼镜。写毕，他逐字逐句地诵读一遍，260 个字，发现竟漏写三个字，他在字旁一一补上。这件作品他也送给了庙里。

将辞，法师问费老何不多住些日子。费老说，下次来就不能这么住了，得参加所有的功课，打坐、念经、上殿等。像客人一样住着，心里实在不安。

费老不事服饰，外表憨厚，语言迟缓，内心却非常丰富机敏。他精通老庄，深谙“知雄守雌”“知白守黑”之妙理。他不过是将自己的精明藏在呆气后面，并不时在那副面具下打量别人，发出窃笑。他不想让人注意他、嫉妒他，从而侥幸逃脱世俗的挤对，获得暂安。这正是费老的智慧所在。

费老认为，一个看来畏葸的人，必有他的不畏葸之处，他要给生命寻找出路和突破口，一旦找到了，便反而比常人张狂，毫不安分，以发挥其生命的创造力。

他的文集充满哲思，他写道：“我们大家都是蚕，好好吃桑叶，好好吐丝，把那个包裹自己尸躯的茧儿，结得大大的、重重的、厚厚的吧。”

费老精通易学，专攻义理，不算命看风水，他说那不过是匠人赖以糊口的雕虫小技，所求唯《周易》之大用，来解决完整的人生问题。

可真要以为费老不懂术数，那又错了，他可厉害着呢！他不过像他一直给人的印象那样，善于守拙，不轻易出手。每当有人拿很多钱求他推算能否升官或发财，都被他拒之门外。

在微博上，他发表易道系列文章，横遭江湖大咖威胁，声言要用剑术灭他，让他从《周易》讲学中败下阵来。有道士密授其以邪压邪破解之法，他却坦然地说，不足为虑也。视之为笑谈。有人于细长板条写上他的名字，置于香案，用桃树枝胡劈乱斩之，然费老授课仍大受青睐，身体并无异常。

去年，法师去西安，坐间询问费老，您儿子做什么？他照实回答，打工。您功夫精到，他成才亦有何难？费老反问，你以为他会听你教？

费老，名秉勋，原西北大学教授，全国十大易学专家。

玉渊放生

桑乔的《庐山记》曰："玉渊潭在栖贤寺东数百步，三峡涧中诸水合流，奔注潭中。惊波喷空，泻下三峡。潭上有白石如羊，横亘中流，故名玉渊。"

陈舜俞记曰："沙石万数，古今不塞，诚下通于海矣。"

明王祎在《游栖贤寺观三峡桥记》中写道："过桥（观音桥）北转行百许步，涧水至是汇为深潭，有龙蛰焉，苏长公（苏轼）所谓'玉渊神龙近'，即指此也。"

民间也说，玉渊潭直通东海，四两花线尚不及潭底。

玉渊惊险，下去之人罕有返回者。

那年夏，玉京村十岁的游宝林，带着八岁的妹妹上学，经石桥时，妹妹遭大浪突袭，卷入水中。哥哥大呼救人。三十米外的郭斗金放下饭碗，顺流而追。于百米处的玉渊潭，见红裙出没，便跃入水中，抓住上举。然巨浪屡屡打来，郭斗金力竭不支，二人重又沉入水中，不再见人。郭斗金，白鹿玉京村郭家坑人，时年二十三岁。

2003年冬，栖贤寺在玉渊潭放生，周边的石缝间尚有薄薄的积雪。

雨后，涧中水量激增，潭边满是青苔和野草，特别湿滑。人丛中，殊慧师不慎从陡坡上跌入深潭。在瀑流巨大喧嚣声的掩盖下，几乎听不见他落水的声音，甚至也没有激起水花。

现场一片惊慌。一些居士吓得面无人色，人们悄声传递着这个不祥的信息——殊慧师不见了。女居士哭出声来。

玉渊潭

可是，当人们再次往下看时，殊慧师竟然浮出水面，一只被放生的小乌龟还安详地停落在他的指甲盖上，一动不动。

他就是因为这只小乌龟而落水的。当时它滞留潭沿，或许因为胆怯，迟迟不肯下水。殊慧师只好俯身将它拨下潭去，谁知，乌龟甫下，人也跟着下去了。

岸边叽叽喳喳，人们不停地挥手，像无数的教练进行“场外指导”。殊慧师反过身来，双手紧紧地抠进石缝，用脚猛蹬，岂知用力过大，手指无力抓牢岩石，重又沉入深潭。

场外一片惊呼。女居士又哭起来。

掉入潭中之所以少有生还者，是因为人一旦栽入水中，会立即被强大的涡流卷入岩隙，若猛一抬头，就会被撞昏，再次沉入水中，加上倾斜而空洞的崖壁，落水者必死无疑。

殊慧师尽管会游泳，无奈潭深水急，无能为力。一瞬间，岸上的人无可奈何，只能摇头叹息，全都以为这下完了。

谁知，就在此时，殊慧师又一次浮出水面。这回他没有尝试去抓住崖壁，而是十分镇定地站立于水中，表情镇静。好像他双脚不是踩在虚空的水中，而是站立在潭底坚实的岩石上。他依旧戴着眼镜，穿着僧袍，从一个平缓的地方爬上岸，拉住了伸向他的手。

人们看见，那些水从他的僧袍里四散开来，就像数道小型的瀑布倾泻而下。他扶了扶眼镜，在人们的搀扶下，重又走进了放生的队列。

整个过程，似乎是要让人明白某种道理：这边放生了，那边也会放生。

殊慧师患了感冒，休息了一天，就没事了。

事后他说，当时一点都不怕，好像从一间很亮堂的房子里走过。

禅人无异相

上

祥浩法师兄妹七人，他排行第四，上有两个哥哥、一个姐姐，下有一个妹妹、两个弟弟。

小时僧多粥少，吃饭得抢着吃。穿衣则是大哥穿新的，二哥穿旧的，他穿破的，后面的弟弟又可以穿新的。

几兄弟下地干活，一般都是分片包干，以抓阄的方式来体现公平。一次，他先干完，就坐下休息，两手抱胸，得意地看着大家。二哥就说，小时候大哥背你，你死死勒住大哥的脖子，大哥受不了放下来。我接着背你，我不怕你勒，还记得吗？他说，记得的。二哥说，既然记得，那要不要回报一下？于是，他乖乖地下来帮忙。

干完活，就在地里摔跤玩。开始是玩，后来弄痛了，不高兴了，就来真格的。

冬天的早上，二哥叫他喂牛，他不去。二哥说，那我们来抓阄，谁抓到谁去，怎么样？他说，好。二哥捏好纸团，抛到地上。他看准一颗，抢着抓过来，一看是“喂牛”。无奈，他只得乖乖地去抱稻草。后来他才知道，四个纸团，写的都是一样的字。

他爱读《说岳全传》《杨家将》，有英雄崇拜情结。

有两位老师在操场上打架，其中一位飞起一腿，扫到另一位老师脸上，后者猝然摔倒在地。学生不知谁对谁错，但那一幕深深地印在他们脑海中。那之后，学校后面的围墙外，乱坟岗上，每天都有孩子跑上跑下，就练那一腿，把坟堆踏得寸草不生。

学以致用，就会去找机会尝试。

一次他在外面打架，刚刚穿出去的新衣，一只袖子被撕下来，给人扔在地上。他捡起来，掸掸灰土，装进口袋，然后像一个独臂将军那样，从人前招摇走过，回家，一点都不觉得不光彩。

幼时他受哥哥的管束，稍大就反抗了。跟大哥打一架，输了，全身疼痛，在床上躺了几天。

他跟二哥也打了一架。二哥坐在台阶上，他一脚踹去，二哥从几米高处滚落下来，有一阵子翻白眼。几秒钟后，二哥站起来，准备反击。他手持长棍说，你要敢上来，我就打死你。二哥盯着他看了一阵，放弃了。

二哥小学二年级就跟着父亲学木工，做帮手。父亲做了一只木踏板，让他站在上面，两人一起拉锯解料。二哥从小就对家里有一份担当，也是子女中最调皮的孩子。他右手曾遭烫伤致残，但性格刚强，似得父真传。

等到大弟弟学会反抗时，也跟法师干过一架。当时，他在磨刀。弟弟搬起几公斤重的铡刀，从几步开外“噌噌噌”地向他冲来。他听到一股凭空而起的风呼啸而来，不好！就地一滚，铡刀落了个空，重重地劈在一块石头上，“咣当”一声，落下一道白印。

后来，他怀疑弟弟是否真干。如果是虚张声势，至少得弄点响声出来。他曾询问过弟弟。弟弟只是说，哎呀，你幸好躲得及时，不然我会后悔的。

那次，大哥、二哥在牛栏里挑粪，二人不知为何打起来，打的是生死架。二哥用钉耙朝大哥劈面打去，结果大哥从额头到眼窝延伸到鼻翼，被划出一道长长的口子。去医院缝了好多针，才止住了血。

那时，有人看到他们打架，就说，他家兄弟总有一天会被打死的。没想到，七个孩子后来都很亲。听到谁有病痛，就会赶紧跑去，唯恐不及；谁有困难，就慷慨相助，竭尽所能。

法师说，有的人小时候关系很亲密，到大了时，兄弟阋于墙，反倒疏远了。或许人的感情总量是恒定的，小时候用完了，大了就淡了。

他还记得父亲订过几条规矩。其中一条是：对兄长不得直呼其名。他从来没喊过大哥的名字，只在别人提及时，他会说，那是我大哥。他只一次直呼过二哥的名字，那是他俩打架的时候。他俩年龄相差不大。到后来，他出家后，他仍称他们为哥哥，而兄弟姊妹们则都称他为“法师”。

法师尽管身在佛门，但对父母兄弟情深意长，跟想象中的僧人似乎不太一样。对此，我曾与法师有过交流。

他说，修行人连基本的感情都没有，哪来的慈悲？对众生都慈悲，而对六亲又怎能无关？如果对六亲都很轻慢，那如何做到用真情弘法利生？

中

法师还记得十一二岁时给祖母摘杨梅的事情。

那是一棵古老的杨梅树，主干在五六米高处断了，一根枝丫横伸到悬崖上方，约十米长。杨梅成熟后，又大又好吃，但敢摘的人不多。他壮着胆子爬过去，到达树梢，在摇摇晃晃中，摘好了一口袋杨梅。

正欲下树，不料衣服被树枝挂了一下，口袋一时翻转过来，杨梅几乎全掉下去了。他急忙腾出一只手捂住口袋，另一只手抓住树枝，但因握力不够，身子一扭，一脚踏空，差点就掉下悬崖，好险！看着祖母吃着所剩不多的杨梅，皱纹里溢满了笑意，他觉得这天的冒险是值得的。

祖母很慈祥，对他很偏爱。那年上学，没有学费，祖母就让他把她吃的米拿去卖。没鞋穿，祖母也帮他买。

祖母是一位有主见、很厉害的小老太婆。

一次，他和大哥、表哥几个人聊天，说到土改、“文革”中家人遭迫害，义愤填膺，拍桌椅打板凳。祖母在一旁默默地听着，不发一言。那些年，她经历的还少吗？竟不置一喙。

祖母个头不高，不到 1.6 米，生了十四个孩子。尽管声音也不大，可是，训起儿子来，却是斩钉截铁，掷地有声。

那次，她将拐杖往地上重重地一杵，说，我把你们养到长出牙齿来，你们就得养我到牙齿都掉光；我把你们带到这个地面上来，你们就得把我送到地下去。把我养好是你们的责任，没有商量的余地。

父辈们都佝偻着腰，服服帖帖地听着，一声不吭。父亲上前捏住她的手说，妈，您别激动，慢慢说。

祖母家是布依族，地主，是祖父的亲表妹。

曾祖父是盐商，翻山越岭到七百公里外的自贡贩盐，也曾遇到过土匪打劫。所以，每次从盐场出来时，都不会进太多的盐，宁愿多跑几个来回：把进来的盐存放在一个隐秘的地点，然后一起运往家里，用的是马帮。这样，即使遇到一次打劫的，也不至于一网打尽。

曾祖父有很多田产，传到祖父手里。祖父只有一个弟弟。

二伯父是第一个去州里读书的人。他接受新思想，回家在田里跟祖父建议，应该把所有土地都卖掉。祖父说，培养你读书，是为了光宗耀祖，可是你却想卖田卖地，真是败家子！祖父用锄把在二伯父头上敲了一下。

二伯父回家后，萎靡不振，第三天就去世了，也不知敲坏了哪里。二伯父去世那年十八九岁，无子嗣。二伯母改嫁了，认祖母做娘，法师称她为姑姑。那时，她经常到家里来，像走娘家一样。

土改时，祖父不舍得让出土地，被活活斗死。祖母被绑在柱子上抽打，满身伤痕。

村里有个叫花子，每天要饭，祖父有点吝啬，给剩的。祖母给的是现煮的热饭、新鲜的热菜。后来叫花了在县里做了官，土改时，祖母被抽打仅有那一次。

祖母活到 83 岁。法师一直想买些软糖、衣裳给她，刚刚中学毕业，无力实现这个愿望，后来可以做到时，祖母又走了，终成一大憾事。

那年正月，祖母去法师姐姐家，天有点冷，她感冒了。接到乡医院看了一下，开了药回家，便一病不起。再要往县城送时，祖母执意不肯。父亲没法子，只好请来土郎中，但不见好转。

临终时，二伯母高声地询问，有什么东西搁在哪里，你要说出来。祖母弱弱地说，什么都在柜子里，就再没往下说。

那是她装衣服的柜子。清点遗物时，只有八块钱零钱，大多是衣服，都很干净，有的缝补了，有的还是新的。大姑每年都会给她添置新衣。

柜子里有一家大小的生辰八字，还有一个包裹，严严实实的。展开多层，如剥冬笋，是何物需要这般珍惜？结果，包裹里不是金银首饰，或者别的值钱的物品，却是一张硬纸片，准确地说是一张证书。祖母如此珍视它，至少是一张荣誉证书吧？然而，不是。

但见证书内页用毛笔字写着："摘除长顺县古羊乡格道上院班开菊地主帽子的决定，特发此证。"下盖长顺县人民政府公章。那是 1983 年县政府颁发的，一张表明她合法身份的证书。

下

法师的父亲少年离家，却是不得已为之。

父亲 15 岁时，有一次饿得不行，路过一块玉米地，掰了一根玉米棒子，才啃了几口，就被人发现了。集体的干部找上门来，家里的门关得紧紧的，里面有抽打声。其实这是祖父虚张声势在用长棍击打墙面。祖母一边假装高声数落，一边帮父亲裹好棉被。没什么好给的，就往他口袋里塞进许多干辣椒，辣椒可以卖钱，以备不时之需。待一切停当，祖父悄悄打开后门，让

祥浩法师

父亲逃进黑夜中。村干部闯进来后，问人在哪里？祖父指了指门外，蹲下不说话。

就这样，父亲十几岁逃出家门，到22岁时祖父去世才回来。在外流浪七八年，吃的苦头自不待言，不过，也学会了各种手艺。可谓多面手，木工、泥工、油漆工等样样行。法师小时候的衣服都是父亲缝制的。人家问他会什么，他就说，你这里需要做什么？

父亲十分坚强，没有什么能让他屈服的，任何时候都打不垮，跟这段流浪岁月有关。父亲在家绝对是说一不二，认为这是做父亲应有的威严，不容子女有丝毫挑战的意思。

六月初六，是布依族最隆重的节日，人们将其看得比过年还重要，大人会给全家的孩子添新衣。那年，当地的裁缝忙不过来，父亲就索性自己动手。给哥哥姐姐、弟弟妹妹都做了新衣，唯独没给法师做，也不像是忘记了。当时，他不敢闹，只是生闷气，怀疑自己是不是父母亲生的。

从祖父、祖母和旁人那里，他了解到，自己的确是父母亲生的。感到很委屈，就跑到同学家住，一住七天，也没人去找，只好灰溜溜地跑回来。站在家门外，不敢进屋吃饭。

他想躲避父亲，却偏让父亲看见了。父亲大喝一声说，吃完饭就到处乱跑，也不给大人干活？随后，父亲就分派他去干一件事，好像他根本没有失踪过一样。

中考时，父亲在田里插秧。他背着书包路过。父亲叫他下田干活。他说，今天要考试。父亲说，你要吃饭吗？他说，要。父亲说，把那块田的秧挑好，再去吧。他只好先拔秧，再挑到秧田。等他赶到学校时，考试已开始了半小时，不准进场。他只好回家，和父亲一起在田里插秧。

父亲抬头问他，不是考试吗？怎么这么快？题目很简单吗？他说，不是很简单，语文没考。父亲问，为什么不考？他说，迟到了不让考。父亲不作声，弯下腰继续插秧。第二天的考试，他可以直接去学校，不用挑秧了。

父亲并不轻易动手打人，但总共打过他三次。

一次是正月初一，孩子们都还沉浸在新年的快乐里，父亲却要他去放牛。他说，不去，打死也不去。父亲一手抓住他的双手，一手拿过一根枝条，从下抽起，一直往上抽，全身上下一棱一棱的血梗。不知道抽了多少下，等到父亲放下他时，他身子像面条般无力地瘫软在地。母亲将他扶到床上，睡觉都不能翻身。

第二次是小姑姑去世，他那时在家放牛，父亲叫他去通知他的同龄人和娘家人前来吊唁，他玩得忘了。父亲找到正在与同学大摆杨家将故事的他。同伴悄悄提醒他父亲来了，还没等他反应过来，父亲一掌掴来，打在左耳下方。顿时，他就昏倒在地。

第三次是中学毕业后，父亲要他去相亲，他不去，说什么也不去。父亲事先已约好了女方。如果违约，会被视为戏弄人。父亲当时操起一把菜刀，劈面扔过来。他一闪，躲过了。如果不及时，就会伤得很重，甚至有生命危险。

父亲对兄弟五人很严厉，对两位姐妹却出奇地和蔼，充满温情。姐姐出嫁，父亲整夜没合眼，一个人喝闷酒，边喝边流泪。姐姐生第一胎，父亲陪她去县城住院，出院时，父亲一手抱孩子，一手提东西。

父亲对母亲很关爱。母亲生病，胃口不好。父亲买来肉，先盛出一小碗给母亲，什么时候吃都可以，但不准孩子们吃。

父亲对小姑可谓百依百顺。小姑住在乡镇街上，偶尔也做点生意，家境比较殷实。但小姑来他家，父亲总要送点糯米、黄豆之类，替她装好，还要送很远的路。从小都是哥哥带妹妹，很自然的关爱，不仅是物质上的满足，也是一种感情的表达。

父亲是一位木匠，师从当地名师，只因师傅太过严苛，父亲不堪忍受，仅学了三个月就离开了。

父亲习惯早起，一边做木工活，一边烧火煮饭。母亲则去打猪草。

父亲手艺好，在周边一带很有名气。他劈木头时，看着不免叫人担心。他用指甲按住木料的边沿，斧子就顺着指尖劈下去，精确无误，分毫不爽。劈过的木料平整如砥，就跟刨过了一样。

他做活人的床，也做死人的棺材。会做煮饭的甑，也会做盛粪的桶。他雕的花，龙飞凤舞，活灵活现，足以传世。做甑较难，要花去一天工夫。难做的还有八仙桌，因为桌面上的四角与桌腿不在一个方向。然而，最难做的要数制瓦的瓦桶，要圆，又要光滑平整，极见功夫。

父亲一生嗜酒，也死于酒。

父亲60岁到大姑家小住，大姑预先跟他约定，一天只喝一斤酒，父亲也同意了。她买了一壶，12斤，谁知父亲五天就喝完了。大姑无奈，她疼爱弟弟，只得买来续上。

父亲的酒量了得。去人家里做活，鱼肉可以没有，但不可无酒。三十五度的米酒，早上他要喝一斤半，晚上喝两斤左右。

父亲的酒不会白喝，回报的几乎件件是精品。事实上，去人家里做事餐餐都有肉，而且回刀肉不吃，要一刀切断。有点像孔子的“割不正不食”。豆腐呢，要现磨的。

终于出事了，那次酒后，父亲摔倒在地，肋骨断裂扎入肺部，在医院抢救七天无效，因此殒命。

临终，父亲坐在那里腰杆笔挺，表情严厉，令人生畏，好像在跟鬼神较劲。法师当时想，老头子，都什么时候了，还这么威严。

他还记得，那次自己病了，父亲背他上医院。那个臂膀那么宽厚有力，让他感到温暖。

1992年，法师去上海打工，连续三年没回家，那时一有钱就寄给大姑存起来，大姑都转给了父亲贴补家用。回家时，离家越近，脚上越有力气，想到父母做好了饭菜等他，家里有盏灯在迎他进门，他感到心里暖洋洋的。

还有那次，他离家 8 个月，从重庆回去探亲，晚上和父亲在灯下单独交谈。他跟父亲说，这次出去，怕要五年后再回来。没敢明说是出家。父亲说，想去就去，不要说五年，五十年都没问题，我还这么硬朗。

父亲少年时在外流浪多年，加上手艺人走千家到万户的特点，原本对别离就看得很淡，如今子女出外谋生，离家个四五年，对他来说不算什么事。这是法师薙染之前最后一次回家。

父亲去世后，望着用竹缆捆住的棺木，法师一时百感交集，内心翻涌不止。父亲再也不会打他了，再也听不到父亲用斧子劈木料的声音了，再也听不到父母之间低微的交谈声了……

父亲去世后，法师突然意识到自己对这个家的责任，这是过去未曾有的。

法师感叹道，其实家不是老屋，尽管老屋还在。所以，哪怕有人打你骂你，可那还是你的家，总让你牵挂。

法师讲述母亲的故事不多，但有一则却非常动人。

10 年前的一个冬天，法师回老家。弟弟提前把消息告知母亲。由于僧装惹眼，不想被关注，法师特意把进村的时间安排在天黑以后。晚上 7 点多，刚入村口数步，前方隐约可见一个瘦小的身影，背对着他蹒跚前挪。因急于回家见父母，未审前行者何人。法师以几近奔跑的速度回到家。父亲见他甚喜，接着问，你妈一早去村口接你了，怎么没一起回来？法师反身去接母亲，母亲依然立在村口等着。母亲告诉他，她一早就把饭做好才出门的，现在恐怕全凉了。天黑后本打算回家热好饭菜再出门接他，又担心他也快到了。两次走到半路又转回村口。那一夜，法师没怎么睡。

还有一次，他回寺庙，母亲把自己积存多年的五千元给他。他没要。母亲不作声，没像以往那样送他出门，而是端坐不动。他离去不久，深感不安，打电话给二哥，请二哥赶紧回家看望母亲，并将母亲给钱的事说了一下。二哥说，你这样做，不合适，是会伤老人心的。他说，我看母亲攒那点钱不容易，所以不忍心拿。

二哥说，母亲存了多时，给你点钱，虽然不多，但那是她的一份心意。看到你没盖房子，又没娶妻生子，老人家心疼你。你就不知道拿走一部分，然后找个理由再寄给她？经二哥点拨，他明白这是母亲对子女表达爱的方式，何况是对一个出家的孩子，心里更多一份牵挂，如果不接受，老人家就会觉得自己没能帮上他，心里很难过。

法师每年至少去贵州老家看望母亲一次。以往尚有一些应酬，现在只想陪在母亲身边坐坐。他说，看一次，就少一次。

法师跟我谈起的这些往事，让我想起他曾写过的一首诗《相见》：“禅人无异相，行住坐卧同。顺逆皆无碍，染净悉俱空。”

梦中见佛

上

一个流浪汉坐在路边削苹果，使的是一把长刀，低着头，十分专注。两个醉汉搀扶着经过，停下来，一个醉汉踢了一下流浪汉，自己没站稳，摔倒在地。流浪汉霍地起身，朝醉汉连刺几刀，刀上全是血，一手还捏着那个苹果。另一名醉汉号叫着狂奔而去。

流浪汉重又坐下来，耐心地削苹果。刀尖上的血滴在地上。一会儿，见醉汉动弹两下，他又上去补了几刀。接着，流浪汉认真地削完最后一点皮，将苹果转动着看了看，往身上擦了一下，咬下一口，大嚼。醉汉终于不再动弹了。流浪汉一边吃，一边还不时地瞄一眼醉汉。

出家之前，祥浩法师脑海里不时会浮现这一幕，那不是地狱的景象，而是发生在老家的一幕真实的场景。触目惊心的五浊恶世，让他萌生了最初的出离世间之念。

法师家几代都保留着六亩好田，种谷子，收割，脱粒干净，送往寺庙，称为“和尚田”。有人说，法师就是他家供养的和尚转世。

十四五岁时，法师患痢疾，多日不见好转，极度虚弱。有一天，他孤独地拖着病弱的身子，到晒场上晒太阳。此时，村里的一位大哥经过，就一起靠墙坐下来。法师幽幽地说，我才十几岁，没出过山，也没娶妻生子，对家里没有做过什么，就病得快死了，真有些遗憾。

大哥说，你年纪轻轻的，就说这样丧气的话，真没出息。你听我的，回家吃三碗饭，吃得下给我吃，吃不下也给我吃，吃完饭，不要老躺着坐着，出去晒太阳。在平地上给我跑上几圈，跑得动给我跑，跑不动也给我跑。

中午回家，他强忍着咽下三碗饭，然后到外面来回跑动。还真管用，气力一点一点地恢复起来了。

这位大哥幼年曾在外流浪，到峨眉山学过武功，后来出手伤过人，被拘留过，在附近一带名声不好。与法师的两位哥哥也有矛盾，两位兄长分别跟他数落过这位大哥。法师则说，你们该怎么做就怎么做，我不反对，也不支持。他有恩于我，我无法忘记。

每当处于生命低谷时，包括他出家后修行、接众，恢复建造寺庙遭遇低迷时，法师都会想起幼年这件事，从中汲取力量。

中

刚出家一年半，祥浩法师在翠岩寺任监院。两个小师弟打架时，他在一旁看书。镜定师父正好路过，呵斥二人，也不问谁对谁错，各打五十大板。接着回过头来质问他，你身为监院，眼前发生冲突，你竟然还能心安理得地看书，到底安的是什么心？

他辩解道，有错就应该教训。镜定师父说，真没出息，年纪轻轻，就有那么多对错是非，修行中更有甚于此者，看你怎么对付。说完就走了。恩师的话语当下进入他的头脑中，让他从一个计较是非的乞丐瞬间升华，心胸变得宽广无碍。

一次，镜定师父和他还有师弟，三人坐在车上聊天，说到某人很有才能，按说能成就一番事业，只可惜一事无成。不管在哪里轰轰烈烈开始，最后都是冷冷清清收场，不了了之。

大家聊着，师父最后说了一句，没有承受的能力，是不会有什么作为的。这句话对他启发尤大。

他出家不久就做了监院。当时出家师父六十多人，有出家十年、二十年的不等。由于经验不足，很多事情执行起来容易出错，又担心给大众造成烦恼。于是，他跟师父倾诉了苦衷。

师父说，只要自己已经决定之事是为了常住，而不是为个人，那么，就算是不完善，也要坚持执行下去。还要虚心听取反面意见，不断修正自己，这样，或许就能在错误的起点上收获好的成果。

师父言语简单，但句句实在，实抽丁拔楔。是啊，错误的起点，不等于坏的结果。佛讲，“定法不是法，随缘是妙法”，法是变通的。

师父的一言一行皆为模范。那些年面禀亲承镜定师父的言教，让他受益终身。

起初，他对佛教带着一种纯粹而单一的认知，容不得半点瑕疵。

一次，他捡到一张名片，是某寺庙僧人的，有很多头衔，这个会长，那个主任，最醒目的是政协委员。他想，既然都出家了，还在乎这些身外之物干吗？十分不解。

有人点拨他说，其实我们除了这身衣裳与外面的人不同外，其余都是一样的，就是这身衣裳也没有本质差别，它的质料仍是布的嘛。有了这些名头，说明他福报大，是菩萨示现，更有能力利益众生、弘扬佛法，有何不好？

他渐渐理解了，佛法不坏世间法，一切世间法即是佛法。六祖曾说：“佛法在世间，不离世间觉。离世觅菩提，恰如求兔角。”

后来他自己也当了政协委员。再后来，县改市，有领导跟他说，由于机构变动，职位数量有限，他的政协委员头衔遂被拿掉了。他也随缘，没觉得少了什么，依旧保持一颗平常心。

下

2007 年冬，栖贤寺办华严法会，诵《华严经》21 天，祥浩法师身有不适，没有全程参与，在房间休息。

一晚，入睡前静坐，似梦非梦中，灵魂出窍，化作一个通体透明的小人，直往见佛。开口问佛：我也建庙，我也念佛，我也诵经，我也禅坐，我也讲法，世尊，请问我到死可否得解脱？佛答：到时自知。醒来，他再也无法入眠。

他随手拿过一本《华严经》，翻开即见偈子：“若人欲了知，三世一切佛，应观法界性，一切唯心造。”

那次，从上海回家，参加一位亲房奶奶的葬礼。年轻后生们从老屋将棺材抬到奶奶所在的新屋。大家搬底，他一人扛盖，很沉。扛来后，别人都歇息去了，只有他仍在清理灰尘。一旁观看的老人家向他伸出了大拇指。

当时他卖力干，是希望自家需要帮助时，别人也能热心相助。出家后，觉得当时的动机不算纯正，每每想起，都觉汗颜。因为做一件好事，只需为着它本身就够了，不能有功利心。但行好事，莫问前程。

法师想，作为栖贤寺住持，就是要恢宏祖道，领众匡徒，做到道充德实，克己惠物，行事尽诚，俯仰无愧于心。是否也应作如是观：只管耕耘，不问收获？

观音桥下水

坐在慈航寺大殿前靠里侧，普金住持望着桥下的流水说，桥有多少年，庙就有多少年。

采访普金法师，没有预约。她不认识我，尽管我经过这里不知有多少次，但在法师眼里，我只是一个信众或游客。她不想接受采访，还由于她不惯于交谈。她生性喜静，如果你听见她发声，那多半是在念经。

话题从那座桥——观音桥开始。普金法师说，大宋年间，起初桥老是修不起来，后得观音菩萨护佑，桥才建起来。为感恩观音菩萨，乃建寺供养。

相传这里最早的寺庙，始建于唐代宗大历年间（766—779），时名“应真阁”。清雍正年间（1723—1735），称“观音庵”。道光年间（1821—1850）改称“观音寺”。太平天国兵陷南康，观音寺痛遭兵燹。同治三年（1864），重建。1938年8月，观音寺毁于日军炮火。抗战后，民间开始重修，取名为“慈航寺”。1968年“破四旧”时，红卫兵赶走了和尚，砸烂了菩萨，寺舍划给国营东牯山林场栖贤林区管辖。

就在第二年，普金法师在斗米洼敬修法师座下皈依了。有人说，你好大的胆子，人家“破四旧”，你还敢皈依？但普金法师认为，因缘到了，谁也阻挡不住。

普金法师，俗姓宋，名金枝。1944 年出生于星子县华林乡丫髻山边的畈上宋村。幼时读过两年私塾。据说畈上宋村是莲花宝地，一个村庄出了 48 个秀才。她家是地主，后来好房好地都分给了别人，自家却住进了破屋。所幸没吃到什么苦头，是因为人们下不了手。父母做过很多善事。父亲高中毕业，是一位老实本分的教书先生，借谷子给人都是轻息；过年时母亲都要给每户穷人发一斗米、一堆柴。

普金法师声音不大，但吐字异常清晰。担心有所遗漏，我便将椅子移近她一点，谁知她却相应地移开去。于是，我们始终保持在 1.5 米左右的距离内交流，虽然个别时候听得有些吃力，但我想这样她或许舒适自在一些。

十三四岁时，大她 11 岁的姐姐不忍心抛下没娘的妹妹，将她带到了县城自己身边抚养，直到她结婚。婚后她生了 5 个孩子，两儿三女，家里生活拮据。

1985 年，星子县将慈航寺址划归旅游部门管辖。奇怪的是，1988 年她连做了几个梦，梦的内容都是观音菩萨叫她到观音桥来守护旧道场。

她抛下家累来了，起初是以居士的身份。孩子们都想不通，劝阻她。她说，你们别阻我，阻我也要走。我是来汪家还债的，还完了，剩下的日子是我自己的，该我做主了。于是，1993 年 6 月，她在能仁寺辉妙法师门下剃度，同年 9 月，又到东林寺果一大和尚处受具足戒。

她在旧庙址苦守了整整二年，吃住都在室外。有人问她，哪个叫你来的？她说，观音菩萨。

慈航寺

后来宾馆负责人看她实在太苦，就给了她一间房，那个放在室外的炉子总算有了个避风的地方。但她恢复重建寺庙的报告，迟迟没有结果。她找到有关领导说，这样好了，收到的几万元香火钱，都交给你们，我干脆到别的地方去吧。

可是，她走后，换了别人却待不下去。

这里一到晚上，静得连鸟都不叫，只有桥下汩汩的流水声。大山深处的凄清孤独，可一时清赏，但实难久留。有时山洪暴发，整个栖贤大峡谷像一条卧瀑，排山倒海，接天而流，势欲吞噬一切。观音桥下方的石桌都会被淹没。

谈到这里，普金法师绽放出少女般纯真的笑靥，脸上现出两抹淡淡的红晕。她说，是观音菩萨不让我走。出去不久，她又回来了，她得完成自己的使命。既然观音菩萨让她来守护并重建道场，就该善始善终。

她又一次在观音桥边独自住下来。很长一段时间没有电灯。旁边的宾馆也是季节性的，晚上经常没人。怕不？不怕。她坚信，只要读经，八万四千菩萨都会护持寺庙。

终有一天，慈航寺获准重建。1996 年 9 月开始兴建，1997 年建成。2007 年建有三层楼的寮房，2012 年建成三层的斋堂。

此时，普金法师转过头去，怜爱地看了大殿一眼，脸上又一次浮现出少女般娇羞的微笑，说，你看，都是实木雕花的，多庄严气派！

的确，尽管规模很小，但寺庙与观音桥连为一体。想象不出离开了慈航寺，观音桥孤零零旁无依接，会是一种什么效果；当然，也难以想象，离开了观音桥，慈航寺会不会显得单薄。二者相互依靠，相辅相成。

事实上，普金法师还要兼顾一里之外的栖贤寺。很长一段时间，虽然栖贤寺断续也有僧人住庙，但很不稳定。每次僧人来都会得到她的接济，每次离去都是她去收拾摊子。那时栖贤寺破旧不堪，她便筹集资金修缮老殿，建造大雄宝殿的基础部分（后因不符合规划被拆除）。

2003年，祥浩法师正式入住栖贤寺后，于恢复重建的前期，普金法师也曾给予大力支持。2005年她出资10万元，为栖贤寺僧人建造了寮房的第一层。

多年来，普金法师凭着对因果的深信不疑，栖心禅寂，持戒精严，真修实参，安众行道。她说，既然出了家，就要好好修。嘱咐孩子们不要找她，也不要打电话，不要管她，管好自己就行了。

她平居燕处，摄心内照。每天早晚课诵不断，诵经、打坐、念佛，亲自打理寺院一切事务。素不迎请，不赴外请，不求外援，任缘而住。她很少走动，很多名山都没去过。她说，出家人，什么都不想，每天唯愿眼观鼻，鼻观心，如如不动，心不外驰。

慈航寺信众甚多，香火较盛。来人给钱也好，不给也好，她照样念经，照做佛事，从不勉强别人烧香。她说，出家人不能想钱，想钱就是罪过。这是佛要我这样做的，历代祖师也是这么要求的。

普金法师赋性冲淡，简约自奉。寒有柴炭布衾，热有松风水石。她说，我很自足，只要烧香磕头，别的事情全交给菩萨好了。

采访结束时，普金法师起身合十，赠我一枚观音菩萨像的护身符，并反复叮嘱我，每天都要念佛。她虔诚地说，这样什么事都没有了。

忽然，我想起苏轼的诗："溪声便是广长舌，山色岂非清净身。"回头又一次看着观音桥下水，它就像广长舌般在滔滔不绝地说法，又像普金法师那苦口婆心的反复叮咛。

风雨根

还在2013年时，我初来栖贤寺，跟祥浩法师在僧寮三楼喝茶。一位身材颀长、头发斑白的中年人，时常走出书斋来同坐。有时戴眼镜，有时不戴。他就是王老师。

他叫王红仪，祖籍安徽，在重庆一所大学教心理学，后来离职来寺庙住。他搜集栖贤寺有关资料，准备编纂志书，附带也做点别的事情。

王老师言语不多，文质彬彬。我和法师交谈时，他也会礼貌地参与进来，偶尔说上几句，适可而止。一旦谈到栖贤寺的人文历史，则如数家珍，兴致勃勃。在查阅资料、踏勘实地方面，他做过很多功课。坐上一会儿，他会起身揭开水缸看看，默默地下楼，去橹断泉挑两桶水来续上。

后来，王老师走了，居士说他去上海女儿那里，不回来了。他留下厚厚的两个打印本，一本是《栖贤寺志》，一本是《栖贤寺历代诗文选》。

2014年，出于众人修志的理念，法师又组建了修志的新班子。人员有七人，加上顾问，就有十多位，我也有幸滥厕其间，以续未竟之事。

在7月的第一次碰头会上，祥浩法师说，修志至少是与硬件建设同等重要的一项工程，成功的志书是一座永不凋敝的庙宇，堪比建造大雄宝殿、雕塑佛像之功德。而修志人员也都愿意以做功德的姿态，来做好这部志书，使之成为弘扬佛法、研发庐山文化的一种有益的尝试。

然而，修志的难度却超乎想象。

据吴宗慈的《庐山志》记载，史上确有《栖贤寺志》，但民国时已不可见。没有可供参考的志书，等于要白手起家。好在有王老师等事功在前，可资借鉴。

修志的提纲和体例一经确定，就进入查找资料阶段。就近的资料翻找一遍后，法师亲自率队，于同年10月赴南京国家图书馆、宁波天一阁藏书馆，之后又到江西省图书馆和庐山图书馆查阅、搜集资料。

不管怎样，人们对那本早已失传的古旧《栖贤寺志》仍寄予厚望。或许它就在哪一个放满古籍的书架上，夹杂在落满灰尘的旧书之间，等待着机缘成熟，重新面世。一旦从古老的书函里取出来，它就会像一盏灯那样放射出澄明透彻的光来，照亮我们往后的路途。相信有它垫底，就会建造起一座可观的精神大殿来。

然而，我们只找到了《归宗志》和《秀峰志》，古老的《栖贤寺志》却难觅踪影。

我忽发奇想，或许在兵荒马乱的年代，栖贤寺屡遭兵燹，栖贤旧志为保全自己，化整为零，分散在众多相关的古籍中呢？所谓藏舟于壑，不如藏天下于天下。找到了所有关于栖贤寺的志书的碎片，就等于复原了正本的《栖贤寺志》了。

当然，也可能那本志书只是手抄本，仅限于栖贤寺本身保存，并未刊布于世。试想镇寺之宝《五百罗汉图》尚且命运多舛，一本手抄的庙志又能怎样？所以随着寺庙的屡废屡兴，怕是早就遗落净尽了。

还有可能，栖贤旧志不过是一个传说，压根儿就未曾存在过。

我们只有去查《南康志》《江州志》《德化志》《豫章丛书》《江西通史稿》，还有高僧传、传灯录等。资料不谓不多，可要复原传说中的旧志书，却几乎不可能。

元代，栖贤寺出现高岸深谷般的历史断层，不知何者堪作津梁，将前后的历史连贯地衔接起来。

明洪武年间（1368—1398），栖贤寺不幸卷入假币案，被废为民宅。假币制造，何因所作？何人所为？当时各地藩王拥兵自重，因而以寺庙作掩护，大量制造假币？还是另有缘由？然而这次赴外查找，竟然没有一点相关的资料。真相如何？这成为栖贤寺的一个难解之谜。

显然，我们要做的，不是还原，只能是重新修一部前无古人的庙志。

之后，在深秋又访求民间，继而转入实地勘查。

据村民回忆，20 世纪 70 年代初，赤脚医生挖草药，曾在玉渊潭下方发现一方石刻。

顺着所指线索，我们来到步道边一棵松树旁，隔着灌木竹丛探视下方，可见碧潭位于对岸的一角，只听得潭水的喧豗仿佛来自远方。

越过灌丛，则别有天地。悬崖下临无地，碧水沉潜，树枝、岸石参差交横，光影婆娑。一旦跌入，定无全人。这样想时，寒毛倒竖，不免股栗。

好在有山民老张探路，连路砍斫。我们四肢着地，攀条拽枝缓缓下移，所喜崖岸的半壁有一个平台可供落脚。这时，溪水的喧哗声渐渐迫近，涧底的森森凉气阵阵涌来。

就在这时，猛一回头，崖壁上赫然出现三个擘窠大字——“风雨根”。再看落款小字，是篇题记：“江右学使者成纪黄虞再题。大清康熙十三年秋，余偕韩子海湄、沈子鸿士，览玉渊诸胜，见片石如蹲，光怪特异，石鉴上人好奇，辟此，遂喜而书之。”

仔细确认其方位，在玉渊潭与送子潭之间，这方石刻坐东南，向西北。或许因为隐蔽，又能规避风雨，所幸字迹清晰，保存完好。

细细玩味“风雨根”三个大字，我似乎一下子明白了，二十四潭风云莫测，气象万千，盖由此出。此为众妙之门，一个非常幽妙之所在，令人莫知所踪。

然而，风雨果真有根否？俗说雨是无根之水；《说文解字》注：“风，八风也。”其实，不管风来何方，也都是无根之气在周流运转，生生不息。若

风雨根

古栖贤寺

说有根，根在虚空，是五蕴皆空，诸法空相，哪来的根？哪来的风雨？又哪来的二十四潭烟霞明灭？

这是修志勘查之首战，不意大有斩获。

为了得到栖贤寺在庐山的整体印象，修志的一行人在庐山图书馆查阅整整一天资料后，带着从馆里出来后的短暂晕眩，走进了秋末的阳光中。

从电视差转台到风车口，我们停下来，这是观看栖贤寺的绝妙位置。寺庙东北有五老峰，北有含鄱口、太乙峰、犁头尖，西有九奇峰和汉阳峰，而栖贤寺适处栖贤大峡谷的核心部位，众山环抱中，乃众山之子。

试想在大峡谷建一台巨型天文望远镜，那么栖贤寺就该是它的中心点，是焦点所在地。它像一只天眼，又像一只佛眼，定能洞彻天上人间古往今来之一切。

那天上午，我分明听见栖贤寺的钟声从峡谷的中心，一层层荡漾开来，竖穷三际，横遍十方，整个峡谷间山鸣谷应，回声嘹亮，不绝如缕。

登上汉阳峰的瞭望台，四望皎然，莽莽苍苍，渺渺茫茫，庐山宛如巍巍须弥山，崛然雄立，栖贤大峡谷深深不已，而栖贤寺则像一粒芥子般纳入其中。

我们还花费大量时间在勘查僧人墓塔上。以栖贤寺为中心，向周边辐射开去。在崇山峻岭中扪萝垂踵，猿悬鸟跂，在密林深处伏行弓走，荆棘牵衣，芭茅侵肤。对几位老者而言，绝非易事。

劳累不足惜，但使愿无违。令人痛心的是，那些墓塔大多被盗遭毁，墓石被大卸八块，遗弃在荒蓁野草间。盗墓贼明知僧塔里不会有珠宝金银，也许只是贪图一个盛灰的陶罐，就会将整座墓塔捣毁一空。

有时我猜想，古老的《栖贤寺志》会不会在哪位高僧的墓塔中呢？就像唐太宗将《兰亭序》随葬地下。可是，一路过来，也不曾发现。

据古代文人记载，智常禅师墓塔在栖贤寺西北十里许，那里是幽邃谷，

汉阳峰

我们几乎找遍所有墓塔，也没找到智常墓塔。他是栖贤寺的开法演教祖师，不能不探明，得有所交代，可是，至今仍是修志者未曾放下的一件事。

可以肯定，智常禅师的墓塔尚在山中，只因其碑石被无知者挪作他用，无法辨识而已。虽说是一件憾事，但又未尝不是一件幸事，借此可以保护幸存的部分，免遭进一步的毁坏，谁又能说不是智常大师智慧的示现？

“教外别传，不立文字。直指人心，见性成佛。”这是禅宗的主要特色，或许智常禅师墓碑的遗失，暗合了“不立文字”，似乎要以看似无意的方式来昭示后人，务必将“以心传心”的特质传承下去。庄子所言：“至人无己，神人无功，圣人无名”，此之谓也。

白鶴澗

云水禅心

从把茅盖头开始

上

2003年，正值“非典”。祥浩法师在翠岩寺任监院，每天去寺外汇报寺院情况，杜门谢客达3个月之久。

6月15日，“非典”宣布结束，祥浩法师随一位朋友到星子县放松一下。他没想到星子县就在庐山脚下。走过观音桥，一路上行。那天太阳很大，虽然满脸是汗，但兴头十足。

穿过一片松树林，到玉渊潭。在潭的西岸，刻有《墨子篇》，落款是“冯玉祥”，字迹很大；左侧二丈处有宋代石刻“浩浩自太古”，东岸亦有

“浩浩自太古”，清晰可见。祥浩法师感到有些蹊跷，自己法号中的两个字，预先就刻在此地的岩石上，好像是某种征兆，莫非他为此中人早已前定？

转过笔架山（土塘埂），向北望，顿觉别有洞天，一片高大的楮树林掩映着一座古老的寺庙。

他们在寺后喜树边坐下，寺庙里的一位法师在宝树下打坐，他们没有惊动他。

那位法师俗姓张，医学博士，42岁出家。祖先是白鹿码头镇人，曾给南昌一位缙绅当师爷，后到京城，达百年之久。这位法师从家谱中查到自己是这里人，就来了。他常在宝树下打坐，寡言少语。

祥浩法师一行人在这个古老的道场转悠，前后达一两个小时之久。

一位村民介绍说，这里就是庐山“五大丛林”之一的栖贤寺。

祥浩法师先前曾看过《禅林宝训》，知道晓舜、辩首座乃名重一时的高僧，都曾在栖贤寺弘法度化。他感到此地清幽，文化底蕴深厚，可惜没有兴旺起来，不能让十方善信礼佛拜佛，参禅打坐。他对同来的人说，我很喜欢这里，必有殊胜因缘，愿来此恢复重建。

法师果不负众望，将寺庙恢复重兴起来了。

中

多年之后，祥浩法师跟我回忆往事时，仿佛就在昨天。他知道自己是在做一件有意义的事情，虽然创业维艰，但仍充满趣味。他还跟我讲述了几个小故事。

栖贤寺前任住持原准备拆掉旧殿，依东西向建新的大雄宝殿，屋柱也已经浇筑好了，不知为何，大殿终究未能建成。

祥浩法师住持栖贤寺后，改以太乙峰、五老峰为背景，大殿因而变为南北向，自然，先前的那一二十根柱子只能废掉。姓王的师傅试了试，很费力，他建议用炸药爆破。于是，就弄来炸药，请来三个爆破人员，用空压机钻眼。

上午9点多，炮眼已钻好，炸药也埋好了，人们撤退到寮房边。“轰——轰——”三炮只响了两炮。寺庙建设的热心支持者查中淦说，不能去，至少要等上五分钟。过了五分钟，三人走过去，依旧有些忐忑，他们距离柱子，远者不到三米远，近者不足两米远。

“轰——”爆炸了。场外的人说，这下完了。赶忙跑过去一看，三人满头是灰，像泥塑木雕似的，全怔在那里，一动不动。赶来的人近前一摸，依然不动。再一拍，三人顿时苏醒过来，木木呆呆，不能言语。掸去灰尘，仔细检查，三人竟毫发无损。

好一阵，那三人才恢复正常状态，像是从梦中醒来。他们坐在地上，脱去衣服，这里摸摸，那里看看，吓坏了，都以为自己死了。

离爆破点四五米远，一株喜树上碗口粗的枝条给炸断了；小殿南面墙上出现三个大洞，里外对穿。

新大殿土建部分完工后，转入内部装修。大厅搭起的架子有十多米高，师傅们站在高台上作业。一般的经验是，宁愿转身走三步，也不后退一公分。

可是，这天殊慧师的堂兄施工时，却犯忌了，他向后退了，而且远远不止一公分，他当那是在平地上。这一退可不得了，他一脚踩空，从十几米的高空倒栽下来——

落地必死无疑，因为地上到处都是散乱的钢筋、木料等杂物，即使不摔死，也会给杂物戳死。

可是，奇迹出现了，他好像一名体操运动员，在空中翻了一个跟头，竟然双脚着地，恰好落在一小块空地上，就那么半蹲半起着愣在那里，两只手护在膝外，动作规范极了。之前他没有任何高空跳水的经验。

没事，不但没事，他还朝一旁替他担惊受怕的祥浩法师傻笑呢。法师又喜又气，走过去朝他轻轻地踢了一脚。他才像解除了定身术般活泛起来。

还有一件事，至今还让法师如在梦中。

那是2004年春，祥浩法师要赶往南昌翠岩寺做法事，活动定在次日早上4点钟。深夜，他和玄盾师开车动身了。

那时，法师既是栖贤寺的住持，又是翠岩寺的监院，需要两头兼顾。

星子县正在修环山公路。在观音岩的一段泥路上，车子熄火了。车子腹部搁在车辙之间突起的泥地上，四轮悬空。

前不着村，后不着店，路上没有一个行人，也没有车辆。如此下去，绝难准时赶到南昌，且为之奈何？

正焦虑间，忽听见有人说话，飘飘忽忽。一队人正从山涧过来，约莫有一二十个，他们手提肩扛着农具，香烟明明灭灭，不知是从哪个工地收工的。

他们看见这辆车的窘境，笑起来："搁肚皮了，看这车开的，哈哈哈——"声音在山野间回响，当他们看见是两位僧人，就更是乐不可支了。

有人说了句什么，众人便放下工具，环绕在小车四周站好。谁喊了一声，大家便一俯身，一挺腰，就轻而易举地将车抬起来了。他们一步一顿，走了三四米远，将车放在平路上。

一人拍打着手上的泥土，同两位僧人打趣说："会开吗？"他们边走边笑，纷纷拿起各自的工具，没人开口索要任何报酬，便接着赶路了。

法师回忆说，要是差那么几分钟，错过了这伙人，无论如何也赶不上南昌的法事。然而，就那么巧，他们恰到好处地相遇在时空交错的那个点上，不前不后，不早不晚。

下

2005 年农历七月二十九日，地藏菩萨圣诞日。庐山突遭泰利台风袭击，伴随暴雨而来的是罕见的山洪，栖贤大峡谷水漫金山，仅差一尺来高，栖贤寺就会被淹入水中。

此时，栖贤寺正处于重建初期，一派百废待兴的气象。作为住持，祥浩法师夙夜在公，席不暇暖。

涧中巨石没入水中，少有露头者，就连玉渊潭都平了潭口。寺庙东北那座简易桥梁，也沉入水底，白天只能隐约看见一道暗影。这是渡河的唯一渠道。

那天晚上，暴雨如注，涧水暴涨，那座桥完全被水淹没。栖贤寺对面是东牯山林场分部，厨师于师傅极力挽留从外地赶回的祥浩法师，让他千万别过河，水深流急，很危险，不如在林场过夜，明天再回庙里不迟。法师只好在此逗留一晚。

第二天，天蒙蒙亮，祥浩法师在车里独自按照日课仪轨做完早课，就开着那辆面包车，离开林场，驶入雨帘。于师傅还在身后喊他，天还早，看不清，先别走了。说话间，法师已经从陡坡上缓缓地下行，来到桥头。

以往闭着眼睛也能开过去，可眼前，车灯下，一片汪洋，粗重的雨线斜斜地击打着水面，水天一色，桥面不见踪影。还好，桥两侧的钢筋还露出一点点在水面上，大致勾勒出桥的轮廓。桥面上至少水深两尺。

法师顿了一下。为防止被激流冲走，他打开两侧的车门，让水穿过，以增加车重。就当是盲开吧，他半踩着离合器上桥了，慢慢地移动，水流从车门里流过来，车像一座被淹没的房屋。即使这样，阻力仍很大，车子不时被洪水冲击得左右晃动。

耳边全是喧哗声，可内心十分沉着。他紧握方向盘，盯紧前方水面，一寸寸地移动。稍一加速，似乎就会冲撞河神，激起嗔怒，就有可能稳不住阵脚，跌入河道，被迅速打入鄱阳湖去。平素两秒钟的路，此时显得异常漫长。

终于，上岸了，车灯转向西南，朝寺庙北门驶去。此时，一个巨大的洪峰袭来，顿时桥面上陡增一米来深，水流骤急，欲将一切都裹挟而去。这离法师过河仅差几秒钟，好险！对岸的于师傅吓出一身冷汗，吁出长长的一口气。

有情来下种

五祖弘忍在传衣钵给六祖时，在偈颂中说："有情来下种，因地果还生。"是说一切有情众生只有来此种下菩提的种子，才有最后成佛的可能。

祥浩法师说，许多善男信女来栖贤寺，也是来种自己的福田的。

上

2004年，大雄宝殿基础部分完工后，基建队准备那天吃完午饭就散伙。栖贤寺拿不出工钱支付他们了。

祥浩法师在房间里踱步，转着圈，一圈又一圈，怎么办？剩下的工程谁来完成？如何留住基建队？殊慧师躺在床上，忍不住说，这点事就急成这样，真丢人！法师想，也是，够难堪的。

可是，不当家不知柴米贵，这事落到住持身上，压力的确很大。万一基建队散伙了，就很难聚拢来，一旦耽搁下来，就会影响整个工程进度。眼下，他们说走就走，除非拿出钱来，否则拦都拦不住。

他想起建庙之初的那些日子。2003年除夕下午，他带着几个小和尚去鄱阳湖中的落星墩边的草地上踢足球，漫无边际地奔跑，累了就躺在草地上看蓝天白云。回到寺庙，洗点蔬菜煮点饭，大家吃得欢，就这样过了个大年。初一又去爬太乙峰。那时连买点酱油都要赊账，可大家都能心生欢喜，不也挺过来了？

透过窗口，法师看到了南面那棵八百年树龄的老桂花树，每次看到它，就心生欢喜。树下是一个不大的池塘，只有十来公分深。

此时，一个姓阮的残疾人拿来一挂鞭炮，点着，引线很短，他急忙一扔，差点伤着手。可是，他仓促间却扔进了池塘。看来这下爆竹全报废了，不要说全掉入水中，就是淋了一点雨水，也容易熄灭。奇怪的是，那挂鞭炮在水底“噼噼啪啪”，全炸完了，那么充分，似乎一个都没剩。

这个残疾人，是三峡涧上游村庄人，有点智障，七八十岁，住在白鹤涧一间破屋子里。每天中、晚饭都准时来寺院吃。有居士说，给他点剩饭就行了。法师不同意，他说，他也是菩萨示现，为何不让他吃呢？我们都学佛，我们吃什么就给他吃什么。后来大家都把他当成庙里的一员，还特地帮他备了一副碗筷。最初，他只是吃饭，过了三五个月，他会拾些柴禾来，又过半年就知道拜佛了。

可是，这天他9点钟就来了，至少提前了两个小时，还反常地燃放鞭炮，莫非有贵客光临？

前两天有位居士送来三千元钱，指定为法师考驾照之用，法师舍不得用。他想，得有点事来拖住基建队，哪怕一两天，以待转机，没准会柳暗花明呢？

午饭前，他找到基建队的负责人，说出了自己的打算，准备花三千元钱改造一下厕所，材料是现成的，工钱马上可以支付，干还是不干？负责人说，出来就是干活的，干吧。这样，饭后他们就开始施工。

说来也巧。下午1点多，一位老太婆从外地风尘仆仆地赶来，说是做了一个梦，栖贤寺有金身罗汉要重建寺庙，为此她专门送来了一万元钱，用作功德。

这一万元完全可以支付基建队的欠款，基建队可以留下了，工程有救了。

雪中送炭，真是天佑栖贤寺！这样一来，大殿能够继续建造下去，不至于中断。

下

还有一位老人，法师也不会忘记。

蓼花乡有位老人，做了个梦，说栖贤寺在建庙。他按照梦中的情景，一路向北走，也舍不得坐车。早上5点钟动身，到下午2点钟才走到庙里。

老人将自己积攒了十多年的零花钱全部捐给了庙里，她把包了一层又一层的布包展开，全是一块两块、一毛两毛的零币，一算是72.4元。庙里想记下她的名字，谁知，她摆摆手说，不用记，菩萨知道的。

老人没吃饭，沿原路返回。这些钱都是子孙过年过节孝敬她老人家的，她舍不得用一分一厘。

还有彭余堂居士，当年在栖贤寺做厨师时，已有76岁了。在寺院四年间，没请过一次假，也没生过一次病。每天早上4点钟准时起来做饭。除厨房中的事情做得井井有条外，还时常出坡、搬柴、搬砖，粗活重活脏活都抢着干，生怕师父们累倒了。建闭关房时，他主动做工，一次可挑20块砖。

法师也不会忘记，那年农历十月初二，栖贤寺举行奠基法会。初一下午，有600多名居士从南昌赶来。整个星子县城的宾馆都住满了，住不下的就住在车上，晚上饭菜不够，很多人未吃。有的人吵着要回去。镜定法师拦住并做解释，才都留下来。

晚上法师找居士开会布置现场。11点多，三个居士到乡村去一家一家敲门，请求支持，要求次日上午10点半前将蒸好的米饭担来。有的村民虽不信佛，但很支持。看到一桶桶热腾腾的米饭扛进来，法师深受感动，心想，今后再大的困难都不离开栖贤寺。

南昌的万水珠和贺清夫妇先后皈依。多年来，他们不仅自己踊跃捐献，还积极带动信众来栖贤寺学修佛法，护持道场。

一路想来，法师十分感念。其实护法助法者，岂止是以上这些，他们是一组难忘的人物群像，是不计其数的热心信众。法师还回忆起一件十分有趣的事情。

2015年农历八月，演轮法师介绍浙江宁波张益萍、张益聪姐妹来栖贤寺做法事。姐妹看到寺院正在建设，回去后便发动捐款，当月筹到十余万元。

2017年农历七月，张益萍姐妹两个家庭来到栖贤寺，出资32万元为寺院购买了一辆越野车，以方便出行。

张益萍尚不到40岁，却生了8个孩子，一个单胞胎，两对双胞胎，还有一个三胞胎。

怀三胞胎时与上对双胞胎之间，间隔不足一年；三胞胎显然要剖宫产，而以前她已做过剖宫产了。很有可能孩子生不下来，产妇也会有生命危险。医生、所有亲属都劝她尽早堕胎。但张益萍不同意。她说，来了就是缘分，母在子在，这是必然的。养胎的过程备尝艰辛，有时晚上疼得直哭，可是她异常顽强。

2015年12月22日，奇迹出现了。张益萍生下三胞胎，母子平安，三个孩子两男一女，非常健康，有两个重量完全相等，另外一个仅少一两。

那年，张益萍受演轮法师推荐，来栖贤寺做法事，正是为着这三胞胎的平安而来的。

事后，祥浩法师说，一个人不管打多重，跑多远，关键在于精神的力量。心生则种种法生，真实不虚。

张益萍的三胞胎分别取名为：正戒、正定、正慧。

明天是个好日子

谢福祥居士，乃南昌人士，生于1926年，15岁在早恒上人座下皈依学佛。此后，他修学精勤不辍，茹素独身，以白衣相行僧侣法。曾亲近虚云、来果、太虚和倓虚等巨匠，与高鹤年、吴宗慈、陈三立、黄辉帮等名人交好。

改革开放后，谢福祥居士曾在南岳南台寺协助宝昙法师办学，并先后任教于福建莆田广化寺佛学院、厦门闽南佛学院。

2000年，谢福祥居士在南昌湾里翠岩寺与祥浩法师相识，引为知己。2004年夏，随祥浩法师入住栖贤寺。其间，除坚持诵读六十余年来从未间断持诵的《地藏菩萨本愿经》外，增加诵读《大乘妙法莲华经》，直至去世，共诵《大乘妙法莲华经》357部。

2009年正月二十八日下午，谢福祥居士给正在南昌参加法会的祥浩法师打电话说，明天是个好日子，请带着南昌万木莲居士一起回栖贤寺念佛。

晚上，法师回到栖贤寺。他像往常一样来到谢福祥居士房间问安。谢居士一反常态，拿出2300元现金、工资卡、社保卡和遗嘱等，交给法师，并将钱物支配方式一一妥嘱。且告知其与亲眷缘浅，明日之事不必通知所有亲眷，以免来寺横生是非，令他心生嗔恨，恳请法师务必慈悲照办。事后若遇枝节，可凭所留遗嘱与眷属沟通解决即可。

次日早晨6点，未见谢福祥居士用斋。玄湛、玄盾两位法师叩其房门，谢居士应答，不吃了。声音极其微弱纤细。两位法师启门入内，只见谢居士衣装整洁，作吉祥卧。玄湛法师禀告祥浩法师。

祥浩法师知昨日之事与今日之事因果相符，遂召集大众念佛。9点15分，谢福祥居士安详辞世，世寿83岁。

当晚8点36分，广东韶关乳源云门寺方丈、禅门尊宿佛源老和尚亦舍报西归，安然示寂于云门寺方丈室。此一胜事正应了谢福祥居士所言：“明天是个好日子。”

“老龙王”

圆融法师，贵州遵义人，1971年生，13岁丧父。因生计不得不去戏班学艺，练就一身武艺，精通各类杂耍演艺。16岁成为马戏团台柱。

17岁，他忽然离团，到金沙县一座寺院出家为僧。师父为八卦掌高手。圆融每日精进，修学不倦。

云游广东南华寺时，圆融法师遇到正上佛学院的玄湛法师，两人相投，一见如故。

2007年，应玄湛法师之邀，两人同来栖贤寺常住。

圆融法师个子不到1.7米，身材适中。俗姓龙，由于武功高强，加上幽默风趣，寺院内年轻法师昵称其为“老龙王”。

一次，圆融法师在念佛堂向年轻法师传授武艺。有四名年轻力壮的法师同他实战训练时，将他手足腰身控制，使之动弹不得，然后举起直往地上扔。就在着地的瞬间，他迅速变位，手足并用，将四人同时击倒于四个方位，然后，一个鲤鱼打挺，稳稳地站立于地面，合掌行礼如仪。

圆融法师非常活泼，每每能把欢欣带到所到之处。能静能动，动寂适时。打坐几小时不动可以，要打闹嬉戏也可以。上山砍树，下地种菜，洒扫庭院，厨房掌勺，均拿得起放得下，乃至殿堂各种佛事，都严谨如理完成，且不计较得失输赢。

2009 年 11 月 17 日下午，圆融法师给正在南昌的祥浩法师打电话，说要回去。祥浩法师问，为何要走？他说身体欠安，要回去治病。祥浩法师说，你且留在栖贤，送你到江西最好的医院，找最好的医生治疗。他说，不啦，您的心意我明白，但家中尚有老母和姐姐，要去见她们最后一面。

18 日晚，圆融法师抵家。跟母亲和姐姐说，请替我打电话给祥浩法师，明天下午为我做一个往生普佛法事。

19 日上午，他渐感虚弱，并现痛苦病象。母亲和姐姐哀痛欲绝，要送他去医院。他说，不用了，大家念佛就好了。

当日中午 1 时，圆融辞世，年仅 38 岁，于出家寺院荼毗。

抄血经

来智法师，四川人，出家前曾当过兵。

出家后，燃指供佛。他的右手食指和中指齐根燃断。据说是用棉线缠裹蘸油，点燃如烛于佛前燃烧。

人问他为何燃指，他举起右手伸出两根指头说，未出家时，这两根指头给我制造了很多冤债，为消除孽债，因此燃指，一为忏罪，二为供养。

可是，就在他伸出二指的那一刻，人们似乎看到了他习惯性地掏枪射击的姿势。莫非这二指曾误伤过性命?

2009年夏，他入住栖贤寺。不吃盐，春夏秋冬只穿单衣单裤，不穿袜子。每天凌晨3点起来，开始抽血，削竹签。这要花去他一小时左右。从4点始，抄经至6点。

他抄各种经书，赠送保留在栖贤寺的，只有一部《金刚经》。他曾在广东云门寺常住。佛源老和尚修建七层宝塔时，他蘸血抄录《大般若经》600卷，历时三年，抄毕后装藏入塔。

他在栖贤寺每天抄经16个小时，很少同人交流，除去到斋堂用斋外，几乎很少在外走动。抄经过程中，五千字以内，绝对不错一字，至多会有一次笔顺方面的失误。

每天的抽血量可供他抄经两万字。他只吃蔬菜、米饭，血质很好，字迹呈金黄色，不掉色褪色。而且，他的字挺好。

来智法师面庞清瘦，头发花白，个头1.72米左右，大约在1973年出生。常穿一袭灰色僧衣，却颇具行伍气质。他谈吐很少，但出语柔和。

他是九江一名董姓居士介绍来的。

2010年冬，不太冷，栖贤寺枫树上的叶子纷纷落到地上，一阵风过，又带走了许多落叶。来智法师没跟任何人打招呼就走了。不知去向。

红学僧家

镜慈法师，湖南益阳人，1939年生。1958年逃荒至江西宜丰，于此成家。妻子故去后，他将精力转入对《红楼梦》的研究上来。

1997年，他于宜丰洞山普利禅寺出家。

2001 年，他找到正在翠岩寺任监院的祥浩法师，委托他找寻居士帮他出版他花去 17 年心血的红学著作。镜慈法师说，这部《红楼梦》就是世俗版的《楞严经》。

祥浩法师阅读完他的著作后，责备他臆造内容，并说，你要是花 17 年专攻一本《楞严经》，比你现在做的更有价值。

经祥浩法师这么一说，镜慈法师有五六年不与他往来，以致见面都不打招呼。

2007 年，他主动找到祥浩法师，要来栖贤寺常住。祥浩法师爽快地答应了，并带他来寺。顺便也逗他说，那年我说了你，你生那么多年的气，怎么现在又不生气了？镜慈法师说，当时你说对了，促使我对红学研究走向了新的高度。为了感恩于你，我才来这里种菜。

此后，祥浩法师不再说什么了，觉得作为一个老人，不管出家还是在家，是否进步，只要他能锲而不舍地做一件事，至少是快乐而充实的。

2007 年腊月，他女儿开车来接他回家过年，他躲在后山菜园不出来。让人传话说他走了。

女儿给他打电话。他就说，我是出家人，你们是在家人，僧俗有别，你们过好你们的年就好了，我在寺院很快乐、很自在。你们硬是要把我叫回去，在佛教来说，属于阻碍我修行；在世俗来说，强迫一个老人去过一种令他不开心的生活，是很不孝顺的行为。

女儿说，不管是出家还是在家，首先你是我父亲。寒冬腊月，临要过年，你不回家，我们于心不忍，另外也会给人造成我们遗弃老人的印象，并受到谴责，所以，你必须跟我回去过年。过完年你要来再来。

老人从中午躲到下午，实在躲不过去，只好出来见面。40 多岁的女儿，像个孩子似的嘟囔着嘴，生着气。女儿在寺院软磨硬泡了两天。老人心软了，只好回去了。

2008年，老人没来栖贤。

2009年春天，他又来了。他每天重复着以前的生活，并继续研究《红楼梦》。

十七八岁的小和尚早上不上殿，祥浩法师就说，你要管管他们。他却说，他们福报很大，我没资格管他们，在我是这么个年龄时，还不知佛法是什么，而他们已晓得要出家、修行求解脱，福报比我大，我们要爱护恭敬他们。如果逼得太紧，他们觉得出家太艰苦，恐怕就不能坚持长久，这反而害了他们。

接着镜慈法师说，带徒弟就要像调琴弦一样，松紧得度，松了就没有声音，紧了就断了。只有一松一紧，才有希望让他们更健康地成长。更何况世俗中的小孩在这个年龄，一天到晚只知道玩，他们已经很好了。佛家以慈悲为怀，慈能与乐，悲能拔苦。应世临众如此，诱掖后昆更须如此。

2011年冬，镜慈法师得了白血病，在九江治疗。寺院主动提出要承担费用，但他不肯。他说，如果费用在一万元以内，他可以自己出，就接受治疗。如果超过一万元，他没能力承受，就放弃治疗，绝不给寺院带来经济负担。祥浩法师坚持给他治疗，他便执意让子女接回去了。

从九江出院后，他穿着病号服到寺院辞行，手脚和脸都已经浮肿，鞋子都穿不上，但是他神情安详，完全没有悲切病态。祥浩法师叫他索性把病服脱去，换上僧衣，并希望他在此往生，但子女不肯。这回儿子儿媳、女儿女婿都来了。

镜慈法师对祥浩法师说，我对生命的理解与佛法的智慧是相一致的，没有忐忑不安，你不用为我担心。祥浩法师说，无论怎么样，都要走好最后一步。镜慈法师憔悴地笑了笑，就上车走了。

2012年3月，他女儿给祥浩法师打来电话，说她父亲要跟他说话。接到电话，那边没有声音。祥浩法师知道，镜慈法师已说不出话来，就告诉他，要走就好好走，要留就好好留，别去也去不了，留又留不下，进退维谷，完全没有出家人的风范。

女儿接过电话说，我爸爸用指头蘸水在桌子上写字，说要跟您通话的，他跟您说什么了？祥浩法师打了一个善意的妄语说，他说自己要走了，叫你们一家人放心，他会走得很好。

当天下午 3 点钟，镜慈法师去世。

栖贤寺至今仍留有镜慈法师 2009 年时的红学研究手稿。

因指见月

智常开法

上

栖贤寺的开法祖师为智常禅师。智常禅师，又称知常，南岳下二世，嗣马祖道一。传说他目中生有双瞳，也许感觉不适，就用毒药拭擦双眼，弄得双目赤红，因此，人称“赤眼禅师”或“拭眼禅师”。

司马迁在《史记》中描述：虞舜为重瞳子，项羽也是重瞳子。有人据此推测，智常禅师莫非是他们的后裔？有赞其像曰：“知见一何高，拭眼避天位。同观洗耳人，千古应无愧。”

智常禅师遍参知识，如影随形般和南泉禅师

在一起，同游大寂和尚门下，得法于马祖道一禅师。

唐元和年间，智常驻锡庐山归宗净院。生徒云集响应，其法风行。

元和十年（815），白居易任江州司马时，常微服访之。长庆元年（821），李渤迁为江州刺史，此前他曾在栖贤大峡谷隐读。长庆二年（822）七月，白居易任杭州刺史，取道庐山，与李渤相遇，畅谈庐山之美、人物之胜，论及慧远遗迹，述及归宗智常善谈禅要。两人同游二林（东林、西林）之后，共访智常。

同年，李渤在石人峰侧牡丹崖下，恢复重建原在江州的宝庵寺，礼请智常禅师住持。智常以寺院原为李渤昔日读书旧宅，将宝庵寺更名为栖贤寺。智常禅师为栖贤寺开山祖师，春夏住栖贤，秋冬居归宗。

陈舜俞在《庐山记》中载："智常学者数百人。"

智常禅师开示道，古德曾云："参要真参，悟要真悟。"又说："大疑则大悟，小疑则小悟，不疑则不悟。"这些都是教育参禅人，要从真实疑情着手，不凭知解为是。若知解得，理会得，有体会处，忽有会心，都只是理上的功夫，文人学士，文字禅者，也都是如此罢了。须明白：说食不饱，终是空言，理仍是理，事仍是事，徒益多闻，增长我见，有何意义？古德有言："依他作解，障自悟门。"

智常禅师就是告诉禅子们，广求博记，领纳在心，虽曰明了，其实增障。

有僧人请教佛法玄旨深意。智常禅师说，无人能明了。僧人说，以此为精进的方向怎样？智常禅师说，有向即乖，反而背离。僧人接着问，无向如何？智常说，如果连方向都无，那么又是谁来求玄旨呢？接着他说，去吧，没有你用心的地方。

僧人问，这么说，岂不是没有方便之门让学法之人进入？智常说，有啊，观音妙智力，能救世间苦。僧人问，什么是观音妙智力呢？智常挥棒敲

栖贤寺古僧房

了三下鼎盖说，你听见了吗？僧人说，听见了。智常却说，我为何没听见呢？僧人无语。智常拄着手杖走开去。

智常也许在说，佛法并无诀窍可寻，渴望成道，并无捷径可走。勉其精进，只求证悟，只有破妄，方能证真。观音救世，还需自救。黄檗禅师曾说："人欲临命终时，不得有丝毫趣向（拟向即乖），但自忘心，即同法界，便是出世人也。"大意是：人即便到了生命终了之时，都不能存有丝毫向往西方极乐世界的念头，一有此念，即是错谬。只管泯机忘心，则同真如涅槃，这才是真正的出离世间之人。

智常禅师曾与南泉禅师同行，有一天，他们相别。煎茶之时，南泉问道：一路同行，与师兄交谈，彼此了解，此后假如有人要问，佛法终极境界是什么，该作何回答？智常看了看门外说，这一片地挺大的，建一座寺庙蛮好。南泉说，建寺庙的事就暂且放一放，还请你说说佛法究竟吧。智常于是打翻茶铫（带把茶壶）站起身来。南泉说，师兄刚才吃了茶，可普愿我还没吃呢。智常说，你说这般话，怕是连滴水都尝不到了。

智常禅师貌似心不在焉，甚至做出了打翻茶壶的极端举动，就是想让南泉明白，实相非相，不可言说，但有言说，皆无实义。

南泉（748—834），俗姓王，法号普愿。因挂锡池阳南泉山，建南泉禅院，人称"南泉禅师"，也因俗姓王，又称"王老师"。留有"南泉斩猫"的著名公案。

智常禅师并非总是如此严肃，他也十分风趣，然而，行住坐卧，莫非禅意。动静语默，皆有深味。

云岩禅师来参。智常迈出一步，做挽弓的姿势。良久，云岩禅师才反应过来，做出拔剑的姿势。智常笑着说，哎呀，你的动作太慢了吧。

智常禅师想表明，至人用心若镜，不将不迎，物来则应，过去不留。

一次，智常进菜园摘菜时，用棍子画了一个圆圈，将一棵菜围起来，并对大家说，不要轻易动这棵菜。众人不敢动。过一会儿，智常过来，看到那棵菜还在，便提起手杖指着众僧说，这些家伙，没一个是有智慧的。

他想说明，学我者生，似我者死。一味因袭，固守樊篱，不懂创新，就会走进死胡同。

还有一次，一名官员来访，智常拈起帽子的两根带子，笑问来客，你会吗？来客说，不会。智常说，原谅我老头畏寒，不脱帽子啊。

智常具有慧远风范，沙门不敬王者。佛门高尚其事，不以世法为准则，不敬王侯，超脱贪妄，化导世俗。

一日，大愚禅师向智常辞别。智常问道，你到什么地方去？大愚说，我到别处学五味禅去。智常便说，别处有五味禅，我这里只有一味禅。大愚问，什么是一味禅？智常出手便打。大愚抬手避让，忽然大悟，连说，会了，会了！智常说，说来听听。大愚正准备开口，智常又挥手打去。

天龙和尚一指禅，一根指头竖一辈子，唯以这种方法接引人，意为只于此处得力，足矣。智常一味禅，乃有异曲同工之妙，为纯一无杂之最上乘禅，即顿悟之道。

五味法，于此一平等法中，于此不可分别之本际处，而强作分别，实有画蛇添足之嫌。

历代祖师实无有许多般法，乃至无一法可得，真实不虚。法多则是心多，心空则法空，心法两俱空，始解心心法。

后来，大愚访黄檗禅师，将这天的情景描绘出来。上堂时，黄檗说，马大师教出了八十四个善知识弟子，接引众生时，个个“屙漉漉的”，拖泥带水，大多不能做到如马祖一样杀活纵横，大机大用。唯有智常直截了当，干脆利落。

下

李渤，字浚之，唐朝诗人。曾与其兄李涉同在庐山白鹿洞、李渤垄、栖贤寺等地读书。李渤养白鹿以自娱，时人称“白鹿先生”，其读书处称“白鹿洞”。

他曾将白鹿洞修葺一新。至今白鹿洞书院还存有李渤先贤祠。李渤曾任江州刺史，在南湖筑堤，后人命名为“李公堤”。

唐穆宗长庆元年，李渤出任江州刺史。

李渤曾请益智常，教理中所说的须弥纳芥子，我没疑问，须弥山容纳小小的一粒芥子，绝非问题。可是，要说芥子纳须弥，一粒芥子要容纳须弥山，莫非妄谈？

智常禅师说，人皆说您读万卷书，是吗？

李渤沉吟了一下说，勉强算是吧。

智常说，您的脑袋从上到下，也不过一颗椰子大，那么请问万卷书往哪里装了呢？

李渤无语，唯俯首而已。

《释氏资鉴》载：“佛心才云：芥纳须弥物地疑，琴书抛下扣禅扉。忽闻万卷难藏处，瞥转禅机唯自知，唯自知，丹桂和根拔得归。”

又一次，李渤问智常，经律论三藏，到底在说什么？智常举拳示意说，明白吗？李渤说，不明白。智常说，你这个饱学之士，连拳头也不认识？李渤讪笑着说，鄙人实在不懂。智常便说，遇人即途中受用，不遇即世谛流布。

智常所说，颇令人费解。圆悟祖师曾垂示：“会则途中受用，如龙得水，似虎靠山；不会则世谛流布，羝羊触藩，守株待兔。”显然，智常禅师的话从此化出。

真正过来人，对内对外，对己对人，不论是万法归一，或是心生种种法生，他都自由自在，如龙在水，如虎在山。假如在世间种种因缘中，完全没有自己的主张，听人怎么说怎么好，找不到自己的主人，就像羝羊触藩，进退两难，守株待兔。

一次，智常禅师正锄草间，有位讲僧前来参学。忽见一条蛇从面前游过，智常禅师当即挥锄，将其一斩两断。

讲僧哂笑说，智常禅师，我乃向慕已久，今天到此，看到的原来却是个粗鲁的和尚。丝毫不掩饰其失望之态。

智常说，你出言如此不逊，到底是你粗鲁，还是我粗鲁呢？

学僧问道，什么是粗鲁？

智常将锄把竖起，立在面前。

学僧又问，什么是精细？

智常举锄作斩蛇状。

智常以身示教，一时学僧云里雾里，根本不知其意。

稍后，学僧便说，这么说来，那我就依师而行？

学僧道力未到，怎能依而行之？真要依而行之，势必贻误终生。

智常便说，照我这样去做，就暂且放一放吧。

接着智常又机锋一转，出其不意地发问，你于何处见我斩蛇？问话来得非常突然，对方如遭电击，不是因为事实存在与否，而是因为完全出乎意料，猛然遮断了话头。

学僧摸不着头脑，脑中一片空白，竟无言以对。他不知道刚才那一幕是梦里，还是当下。

禅宗史上曾有南泉斩猫公案，初看似乎杀生犯戒，但不宜做狭义之解。智常斩蛇，乃具异曲同工之妙。智常教诫学僧不要停留在见闻知觉上，要割断常情常识，照顾当下，不生分别。

南唐朱遵度在《栖贤寺碑》中这样品评智常：“绍远公之能事，皆唐代之伟人。当其海众云臻，法幢峰立，如声召响。”

康熙版《南康府志》记载，智常住持归宗、栖贤时，创立双剑峰下黄岩寺、石人峰下上塔院、兴国院、都昌重兴寺、建昌华昙院等，并建有栖贤寺寒泉亭等。

示寂，葬于石人峰下西北邃谷中，其墓塔人称“赤眼禅师塔”。塔前立有石像，凛然如其生时。唐文宗赐谥号“至真禅师”。北宋建隆二年（961），庐山仍属南唐，后主李煜追谥智常禅师为“智真禅师”，赐其塔为“至觉禅师妙相之塔”。

陈舜俞在《庐山记》中载：“由塔院至栖贤禅院十里，其间乔林繁阴，上蔽烈日，行者过之，必爱而休。”

行因崖居

行因禅师，青原下七世，嗣鹿门处真，南唐雁门人，曹洞宗。先时习儒学，后舍俗出家，云游四方以求真谛。

庐山之北，有佛手崖，形如五指，下有石窟，深约三丈。行因禅师巢居穴处，宴然自在，自号“佛手崖和尚”。他不度弟子，与之相邻的庵僧自愿供养他。并常有奇异的鹿类和锦囊鸟，驯顺地环绕其周，曾不畏惧。

南唐中主李璟对他甚是仰慕，三次遣使征召，行因禅师皆不为起。后来又一再请他来栖贤寺开法，然而不足一月，行因禅师就悄然跑回佛手崖。是夜，庐山大雪，行因行经之处，徒留深浅不一的足迹。

有僧问：“如何是对现肉身？”行因禅师只竖起一根指头。（有说回答：“还有也未。”）

僧人旧照

海会寺旧照

一天，行因禅师突患小疾，他对侍僧说，日午之时，吾将下世。后来，时辰到了，侍僧按例报时。行因禅师对侍僧说，将窗帘卷起来吧，我要走了。帘子刚刚挂在钩上，行因禅师下得床来，行走数步，屹立而化。享寿七十余岁。佛手崖顶一株松树，同日枯瘁。

南唐中主李璟亲备香薪，荼毗焚爇，立塔于佛手崖北。

有偈子云："前朝诏住栖贤寺，雪夜逃居岩石间。想见煮茶延客处，直缘生死不相关。"

晓舜忍辱

晓舜禅师，同为南康府云居寺和栖贤寺二寺之高僧，字老夫，瑞州（今江西高安）胡氏子，嗣洞山聪禅师，青原下十世。

其时，栖贤寺寺后多高树，太守见之，顿生欲念，想斫去建造公所，晓舜禅师不允。后来，晓舜禅师被寻隙告发，太守将他羁押审讯，责令他还俗着百姓衣。

当时大觉怀琏禅师住持净因寺，曾拜晓舜禅师为师，晓舜禅师便前往京都访他。

到楚州山阳，为雪所阻，困于旅店。一天晚上，有位旅客携带两名仆役破雪而至，见到晓舜禅师，似曾相识。须臾，客人便更衣合掌行礼于前。晓舜禅师不解，客人便说，昔在洞山，曾随师父到汉阳，我是侍从宋荣啊。二人共忆往昔，感叹良久。

凌晨起床，客人已备好一席饭菜，并赠给晓舜禅师若干银两。继而，又唤来一名仆人说，这孩子往来京城多次，路途关节十分熟悉，有他在您身边，就可以放心了。晓舜禅师因此而能顺利地到达京师。

在净因寺，大觉怀琏禅师让晓舜睡主卧，而自己则睡侧室。宋仁宗多次下诏大觉入宫问道，大觉始终不提晓舜之事。

一日，嘉王承旨于净因寺广赐众僧，见大觉侍奉晓舜殷勤备至，嘉王将所见情形归奏皇上。皇上颇奇之，亲自召见晓舜。见后，不由得赞叹道："道韵奇伟，真山林达士。"晓舜得机便道遭际原委。于是，皇上于扇面题旨：免咎为僧，复住栖贤。同时还赐他紫衣金钵，特地派人将他送回栖贤寺。

当初，晓舜禅师还俗离开栖贤寺之时，有两名力士抬轿至罗汉寺前，二人计议：如今，他已非寺院长老，就无必要远送了。他俩便放下轿子，打道回府了。

现在，晓舜禅师再次回到栖贤寺，担心那两人尴尬，反倒让人前去安抚说，你们当时做得对，只管安心做事，不必疑惧。

再上堂时，晓舜禅师用一首诗状出感慨："无端被谮枉遭迍，半载有余作俗人。今日再归三峡寺，几多欢喜几多嗔？"

大觉怀琏曾充满敬意地回忆在栖贤寺亲炙晓舜恩师的日子。他说，舜老夫赋性简直，虽不谙平衡之术和生财之道等诸般事体，然其修行恒有定课，从不懈怠，即便是洒扫炙灯方面的琐事，也都躬自为之。

晓舜禅师曾说，古人尚有"一日不作一日不食"的戒律，我怎可随意废弛？哪怕老之将至，都要持守不懈。有人问，为何不使唤身边的人去做呢？晓舜禅师说，他们经寒涉暑，起坐不定，已属不易，就不多劳他们了。

他还说，传承和持守无上妙道，所贵一切真实：别邪正，去妄情，乃治心之实；识因果，明罪福，乃操履之实；弘道德，接方来，乃住持之实；量才能，请执事，乃用人之实；察言行，定可否，乃求贤之实。不务其实，光炫耀虚名，无益于理。人之语默操履，重在诚实敬慎。假如持之以恒，就能做到不论是平安还是危险都能稳定一致。

晓舜禅师曾对浮山远录公说，要探究无上妙道，须穷且益坚，老当益壮，绝不可滑入庸俗的泥潭。如果一味地窃取声闻利养，只会自丧至德。玉所贵洁润，绚丽之色不能染其质；松可耐岁寒，霜雪之厉不能凋其操。因此，节义是天下最紧要的大事。

大觉最后评价晓舜禅师“风格高峻，令人仰止”，“古人云：‘逸翮独翔，孤风绝侣。’宜其然矣”。

辩首座书偈

辩首座，为成都府昭觉寺大辩禅师，嗣大沩法泰禅师，南岳下十六世。

出世临众住庐山栖贤寺之时，他出山总是携带一根竹杖，穿一双草鞋，途经九江，再转至东林寺。

一日，东林寺混融长老见到辩首座，便呵斥道：“身为法师，应为人师表，一举一动，都堪能让人取法，而你等行径，难道不是自轻自贱，有失体统？”

混融长老，即普融知藏，福州人，得法于五祖法演禅师，南岳下十四世，在五祖寺任典藏主，人来之时，他便用闽地方言说一些俚语，人称“混融”。

辩首座笑答：“人生以适得其性为乐，我不过是顺应我的性情而行止，有何过错？”于是，他提笔书偈而归。

偈云：“勿谓栖贤穷，身穷道不穷。草鞋狞似虎，拄杖活如龙。渴饮曹溪水，饥吞栗棘蓬。铜头铁额汉，尽在我山中。”

混融一见此偈，顿生羞赧。不得不暗自叹服，此兄自奉甚薄，胸中已空

庐山西林寺老照片

东林寺老照片

洞无物，冰清玉洁。不求名闻利养，但务德备节全。

辩首座曾对混融说：“像龙不足致雨，画饼安可充饥？衲子内无实德，外恃华巧，犹如败漏之船，盛涂丹雘，使偶人驾之。安于陆地，则信然可观矣。一旦涉江湖，犯风涛，得不危乎？”

意思是，像龙之物，岂能兴云布雨？所画之饼，怎能果腹充饥？皆因其不真。如果禅家无内在品德，仅靠外表花言巧语哄骗他人，犹如朽败之船，上彩着色，装点华丽，又让傀儡驾驶，如果在陆地上看，还不失可观，假使浮泛于江湖，遇上风浪，岂不危险？

辩首座曾说，所谓长老，不过是替佛扬化，首先要洁己身心，临于大众，行事应恪尽其诚，质直无伪，岂可趋利避害，自分其心？此事就我而言，理当如此。要说事之成与不成，皆有定数，即使是先贤往圣，恐怕也不能稳操胜券，何况我辈，又怎能随便成就得了？

大澄念咒

张玉麟老人回忆，大澄和尚原在五乳寺，他的师父莲花法师传说是国民党军官。大澄来栖贤寺，任方丈一年就逢解放了。他文武双全，熟稔经典。

大澄与周边百姓关系融洽，晚上常去村里与村民交谈。

一次，他去几里外的黄家照村，回来时，村民关切地问，师父走夜路怕吗？大澄说，有何可怕？村民说，不可能，有人碰到过鬼。大澄说，不信。

一天晚上，大澄和尚又来村里。村里后生，饱食无事，找到一只八方碌碡（一米高，一头大一头小，本是用来平场滚砖的），抬到观树岭，置于大澄必经之地，且为之穿蓑衣戴斗笠，人模人样。

大澄见后，有些蹊跷，去时并没看见啊。于是他说，是人就走开，不是那就对不起了。碌碡不为所动。

大澄说，实在不动，就别怪我了。开始结印念咒，又不动。再次念，依旧不动。大澄暗想，还没碰到过呢。只好置之不理，回到庙里。

次日，后生早起，以为和尚被吓死了。谁知那只碌碡齐腰断裂，但没倒下来。他们询问大澄，师父昨夜可曾有所见？大澄说，见一人形，拒不走开，只好结印念咒。后生方才明白师父法术厉害，诀可断石。

大澄是湖北人，算术高超，算盘可顶头拨打。“文革”中被逼返俗与尼姑成亲，生有一女，卖香为生。

大悟还俗

上

前两天，几位僧人同参栖贤寺。其中一位是彭泽来的，穿着厚厚的棉衣，身材魁梧，戴副眼镜，不苟言笑。我向他打听，彭泽的寺庙是否有位俗姓邢的广东籍老和尚？他抬起头来，面无表情地说，是不是今年往生的那位法师？

我一惊，顿觉悲从中来。就在去年，我辗转知晓老和尚住在彭泽一家小庙后，想通过有司打通关节去看望他，谁知却被他婉言谢绝了。没想到才过半年，他就圆寂了。

这位彭泽来的年轻僧人还补充说，老和尚屏息诸缘，一心究道。小庙屋老桷朽，有衲子投诚愿充修造，老和尚辞却不受，唯求修道，不愿被惊搅。

事情还得从头说起。“文革”前，庐山回龙庵有位尼姑如醒，从北京把自己16岁的外甥女带来江西。女孩出生于1938年，高中毕业，十分漂亮，还吹得一手好笛子。她先到庐山仙人洞，后至五佛寺，再住木瓜洞，法号“六仙”。那里烧炭的多，六仙不时遭人骚扰。她昼伏夜出，在躲避中度日。

之后，六仙离开木瓜洞，和姨妈一道来栖贤寺。她们住在大澄和尚做的寮房里。那栋房子坐西向东，共四间房，实际是三房一厅，最北一间有扇房门朝外。六仙和姨妈一人一间。她们在栖贤寺住有两年以上。

建造那栋房子时，堪舆先生张人伟还是个七八岁的孩子，当时替寺庙做小帮工。

那时，张人伟常到庙里来玩。六仙待他好，常抚摸他头，叫他“大毛”。他说，六仙是北方人，喜吃饺子。她年方三十，的确生得漂亮。后来六仙去了山北的莲花禅院，他看风水时，前后去看过她两次。那时她得了糖尿病，见面还叫他大毛。此是后话。

当时，星子城里听说栖贤寺来了位貌若天仙的女众，一时倾城空巷，路上行人络绎不绝，纷纷以争睹芳颜为快。有的停车观音桥，趋步而前；有的不惮路遥，兼程而至。久之，六仙乃避不见人，姨妈便替她挡驾。一些痴汉不见不散，守候斋堂，伺其用斋，必欲见一面而甘心。看见过六仙的星子人，都“啧啧”交口称赞，说：“世上好看，难以尽数。”

据说，六仙至少1.65米的个头，身材苗条，皮肤白皙，气质高雅，一口标准的北京话。祖籍是河南伊川，在北京读书，因失恋出家。

下

“文革”中，九江的僧侣大多集中在沙子墩一个叫茶庵的地方，而庐山的僧人则集中在海会寺。六仙自然也去了海会寺。当时，海会寺只剩下一间大殿，没有围墙，没有僧人，成了一个竹木加工厂。

五老峰下有个龙云寺，广东籍邢和尚就住在那里。他个头矮小，但人极精干，人称“小师父”。他精通机械，擅修钟表，会符咒。据传，他符箓一画，老鼠叫来就来，叫走就走。他原在地质队工作过。

其时，红卫兵将六仙和邢和尚不由分说关在海会寺的一个房间里，用老百姓的话说，是逼他们“搞鬼”，强迫其还俗成亲，否则中止粮油供应，断绝生活来源。公社文书胡开培经手开具了结婚证书。

后来，他们生有两个女儿。六仙临产时，由林场职工抬至医院。她对老接生婆说，哎哟，丑死了，真是造孽啊。她满面羞愧，双手遮脸，不欲视人。每生一胎，她都要不停地念诵“阿弥陀佛”。

修惟丘当年是江西共产主义劳动大学（后简称“共大”）的工宣队员，他从校医务室的疫苗记录簿上发现，当时海会寺集中了二十多名僧侣。

他回忆，1975 年他来到共大右侧的护林点，在两栋石头房子中的一间，见到了邢和尚一家人。他家室内陈设简陋，但非常整洁。一对夫妇带着两个女儿，两个孩子均出生在 20 世纪 70 年代初期。他进门就说：“老师父，我们是工宣队的，来看看您家生活是否有困难。”

显然，他们很少与外界交往，见到干部便惶惑不安。两个女孩一时愣住了，睁着惊恐的眼睛，一眨不眨，不知来人所欲何为。女主人模样很一般，只是显得很腼腆，言语极少，然相貌庄严。工宣队曾组织共大学生帮他家砍过柴。

后来，修惟丘还见过邢和尚一次，他手里拿着一只小闹钟，到共大校园里四处找人未果，最后只能独自站在篮球场上干等。显然他帮谁修好了，要归还给人家。

“文革”后，邢和尚与六仙离婚，重归佛门。六仙的称谓不知何时改为“大悟”，她带着两个孩子，搬往庐山莲花洞附近的莲花禅院。

有人回忆，大悟后来住莲花禅院，从外貌上，看不出她原来到底有多漂亮，不过是五官端正、身材适中罢了，很普通。也许因为那些美丽全给岁月和病痛消磨殆尽了，也许是最初介绍她的文章为了追求轰动效应，而失之于夸张。

大悟称莲花禅院住持敬修法师为“师太”。师太对大悟百般呵护，一应事务，悉由师太包办代替，包括对她女儿的抚养和教育。禅院来客，也是师太出面接待，大悟顶多倒倒茶，之后则退守一旁，不声不响，安重寡言。就连孩子读书，都是师太亲自接送照管。平时就只有师太和大悟在寺庙，周末两个孩子才从学校回来。

师太乃九江县人氏，身材高大，出家早，修行好。

后来，师太和大悟先后坐脱于莲花禅院。

邢和尚的弟弟多次劝他回粤养老，甚至为此专程来过九江，但老和尚道心孔切，不肯回籍。他悄然住在彭泽县一座小寺庙，谦卑自牧，一心办道，矻矻穷年，直到示寂。

萬壽宮

缘来缘去

陆羽品水

招隐泉在栖贤桥东，泉出石龙首中，泻下三峡涧，汇为巨潭，曰石桥潭。陆羽尝评其水，为天下第六。旧有陆羽亭，今废。

陆羽品遍天下名泉后云："庐山康王谷水帘水第一。无锡惠山寺石泉水第二。蕲州兰溪石下水第三。峡州扇子山下。有石突然。池水独清冷。状如龟形。俗云蛤蟆口。水第四。苏州虎丘寺石泉水第五。庐山招贤寺下方桥潭水第六……"

第六泉在观音桥东十余步处，上覆一亭，额称"天下第六泉"。星子县城来取水煮茶者，络绎不绝。

（宋）黄庭坚——三峡涧

陆羽，字鸿渐、季疵，复州竟陵（今湖北天门）人。自幼为孤儿，有僧人从水滨带至寺庙，将他养大。依卦命名为“鸿渐”。师父曾教之以佛经，想让他出家为僧，陆羽不从。师父一怒之下，让他去做贱役。羽又不从，愿为优伶。后诏拜太子文学，迁太常寺太祝，不就。

唐肃宗上元（760—761）年间，陆羽隐居苕溪，自称“桑苎翁”，阖门著述，或独行野中，击木诵诗，徘徊不得意，则恸哭而归。时人称之为唐隐士接舆。后移居南昌玉芝观。其人尚气节，乐隐遁，性嗜茶，家贫不能常得，绕屋多植茶树。常梦游庐山。游历之时，曾住栖贤寺，品栖贤桥下方桥潭水，称其为“第六泉”。

陆羽撰《水品》一篇，可惜今已失传。著《茶经》三卷十章七千余字。陈师道在为《茶经》所写的序文中道：“夫茶之著书，自羽始；其用于世，亦自羽始。羽诚有功于茶者也。上自宫省，下迨邑里，外及戎夷蛮狄，宾祀燕享，预陈于前。山泽以成市，商贾以起家，又有功于人者也。”

《全唐诗》里收录了陆羽的著名的《六羡歌》，恰好体现他的品格：“不羡黄金罍，不羡白玉杯；不羡朝入省，不羡暮入台；千羡万羡西江水，曾向竟陵城下来。”

李璟驻跸

《庐山志》曰：“南唐元宗（中主李璟）迁豫章时常幸栖贤。”寺内特建驻节堂供其下榻，寺侧为之建驻节亭，今俱废。

943年，27岁的李璟即位称帝。登基后频繁用兵，先后灭闽、楚。957年，后周侵入南唐，南唐连战连败。后周即将兵临城下，李璟只好向后周世宗柴荣称臣。留太子李煜于国都金陵监国，自己则带领诸臣迁往洪州（南昌），是为南都。

他“时时作为歌诗，皆出入风骚”。李璟自身的文学才华和对文士的极力推崇，使南唐文治盛极一时。

宫中乐工王感化，歌喉清亮，“声韵悠扬，清振林木”，曾唱：“南朝天子爱风流”。仅此一句反复吟唱四遍之多，让李璟不胜感叹。虽贵为国君，却天生文人气质，词作沉郁愁苦。现存词八首，其中两首《摊破浣溪沙》最为有名。

其一：“菡萏香销翠叶残，西风愁起绿波间。还与韶光共憔悴，不堪看。细雨梦回鸡塞远，小楼吹彻玉笙寒。多少泪珠无限恨，倚阑干。”

王国维《人间词话》称，该词作“大有众芳芜秽，美人迟暮之感”。

其二：“手卷真珠上玉钩，依前春恨锁重楼。风里落花谁是主，思悠悠。青鸟不传云外信，丁香空结雨中愁。回首绿波三楚（峡）暮，接天流。”

黄蓼园的《蓼园词选》对这首词的评价为：“清和宛转，词旨秀颖。”相传后一首为回忆栖贤大峡谷三峡涧而作。

“二苏”留碑

宋神宗元丰三年（1080），苏辙获罪，谪迁筠州（今江西高安）。

盛夏六月，苏辙前往筠州，途经南康军。庐山秀色可餐，但公务在身，不敢耽搁。在滞留的两天时间里，他选择了庐山最精华的部分游历——从山南进入栖贤谷。

但见“谷中多大石，岌嶪相倚。水行石间，其声如雷霆，如千乘车，行者震掉不能自持，虽三峡之险不过也，故其桥曰‘三峡’”。

他走过观音桥，溯水而上，眼前“水平如白练，横触巨石，汇为大车轮，流转汹涌，穷水之变”。

林中忽见一寺，背倚山体，俯临长流。僧堂紧贴绝壁，“狂峰怪石翔舞于檐上，杉松竹箭，横生倒植，葱蒨相纠”。交谈中，僧人告诉他，每至飓风骤雨来临，都担心石壁会直压下来。

在苏辙笔下，所见处处奇险、急阻，具有很强的压迫感，可否视为其苦闷的仕途人生的折射？

然而，一位熟悉庐山的人不无自豪地告诉他，以庐山之胜，栖贤大峡谷之美，堪称一二。

终于，他在压抑中获得了情感出路：正是那些艰难险阻构成了审美趣味，也成就了人生瑰丽多姿的气象。

第二年，栖贤寺的长老智迁派徒弟惠迁去筠州拜访苏辙。惠迁说，栖贤寺的僧堂，算来也有六十年，瓦败木朽，风雨飘摇，已无法接纳四方来客。新近又盖一栋，美观庄重，十分牢固，非复旧模样了，想借先生妙笔，作文以资纪念，不知尊意如何？

苏辙慨然应允，这便有了散文名篇《庐山栖贤寺新修僧堂记》。文中记述了元丰三年遭贬谪游栖贤的经过，更写下了对栖贤寺新修僧堂的一番感慨：求道者并非对饮食、衣着、居处有何奢求，然而，能够食足、衣完、居安，使得求道之时不遭外扰，那么为道也就减轻一些难度了。这就是古代贤达之人，之所以必定要依山构室、储备蔬米以待四方游者的原因，而智迁长老和惠迁法师之所以要致力不懈，亦本乎此。

接下来，苏辙写到，身居尘世中的士人，面对每天都有的纷纭变化，心中未尝一日而忘于道。何况林泉之间，有堂可居，有食可饱，远离是非荣辱，难道会疏忽对道的追求吗？孔子曾说：“朝闻道，夕死可矣。”如今有人汲汲于俗学而不闻大道，虽勤勉一世，在苏辙看来，他们至死也不能明道。

最后，他写道："苟一日闻道，虽即死无余事矣。"足见其求道之心之恳切。他所阐发的意义，远超于对栖贤僧堂的记叙本身，也是对苦难人生的又一次超拔，不谓不深刻。

此记由苏辙撰文，苏轼书碑，堪称双璧，乃栖贤一绝，惜其文存碑失。苏轼对该文是如此评述的："子由作《栖贤堂记》，读之便如在堂中，见水石阴森，草木胶葛，仆当为书之，刻石堂上，且欲与庐山结缘，他日入山，不为生客也。"

元丰七年（1084），苏轼游庐山，达十余日。以往他通过苏辙的文字了解庐山，这次，他真真切切地到了实地，几乎是情不自禁地呼喊："如今不是梦，真个是庐山。"并写下了《记游庐山》："仆初入庐山，山谷奇秀，生平日所未见，殆应接不暇……往来山南北十余日，以为胜绝不可胜谈，择其尤者，莫如漱玉亭、三峡桥。"

苏轼将秀峰的漱玉亭和栖贤大峡谷的三峡桥，独出于庐山，并称此二处为庐山"胜绝"之"尤者"，足见其评价之高。可见兄弟俩所见略同，对栖贤大峡谷可谓情有独钟。

米芾怀砚

宋代书画家米芾，喜砚成癖。

当他再一次来到栖贤寺游访时，住持和尚希望米芾能留下点墨宝，可米芾并无此意。

老和尚知他酷爱陶泓，暗中让侍者置一方好砚于案。两人谈禅论道，兴

金芙蓉五老峰

味盎然，老和尚绝口不提书事；米芾多次打量那方砚台，也不露声色。

有顷，老和尚借故暂离。米芾近前查看美砚，不禁两目放光，继而拱手把玩，摩挲再三，不忍释手，进而怀砚而去。

方欲出门，抬头却见老和尚笑眯眯地看他。米芾一时情急，忽生一智，说是去洗砚磨墨，欲涂鸦献拙云云。

老和尚忙说，哎呀，怎敢有劳先生呢？快快请坐！立即呼来侍者笔墨伺候。米芾只得留下墨宝。

老和尚也成人之美，顺理成章地将这方砚台馈赠给了米芾。

米芾后裔米万钟任江西按察使时，追慕先祖，在栖贤寺留下了诗碑，惜已无存。

庐山高哉

上

刘涣，字凝之，江西高安人。唐末，其祖上为万年人，五世祖为临川令，葬于高安，后代遂为高安人。

他与欧阳修为宋仁宗天圣八年（1030）同榜进士。仅任太子中允和屯田员外郎等卑职，皇祐初为颍上（今安徽阜阳）县令。

刘涣“居官有直气，不屑辄弃去”（陈舜俞《庐山记》）。因事冒犯上司，自请归田。皇祐二年（1050），甫过五十，以屯田员外郎致仕，回籍高安县。

途经南康军星子县时，有感于此地山川秀美，且为隐士陶渊明之故土，于是他定居落星湾，饭蔬饮水，自樵自种。这一住就是40年，并终老于斯。

在刘涣留下的诗中，有其隐居庐山所作的《自颍上归再题壁二绝》。

其一：颠倒儒冠二十春，归来重喜访僧邻。千奔万竞无穷竭，老竹枯松特地新。其二：被布羹藜二十春，苦空存性已通真。我来试问孤高士，翻愧区区名利身。

刘涣隐居第四年，欧阳修由颍州改知应天府，兼南京留守司事，从老家永丰县返回京城途中，特意泊岸星子县看望他。为作《庐山高赠同年刘中允归南康》诗，以庐山之峻美状刘涣之高风：

"庐山高哉几千仞兮，根盘几百里，峨然屹立乎长江。长江西来走其下，是为扬澜左蠡兮，洪涛巨浪日夕相舂撞。……羡君买田筑室老其下，插秧盈畴兮，酿酒盈缸。欲令浮岚暖翠千万状，坐卧常对乎轩窗。……丈夫壮节似君少，嗟我欲说，安得巨笔如长杠！"

欧阳修对这首诗也分外自喜，曾对儿子欧阳棐说："吾诗《庐山高》，今人莫能为，唯李太白能之。"

兵部尚书李常（建昌人，黄庭坚之舅）记述了当时的实况："方是时，学士大夫争为咏叹以饯之，非所以宠其行，以预送凝之为荣耳。欧阳文忠公之诗，道其为人与 夫 去最详且工，人能诵之，谓为实录。"

司马光、梅尧臣、苏轼、曾巩等，对刘涣气节都大为仰慕。后来名列"唐宋八大家"的曾巩和苏轼兄弟都拜访过他。

黄庭坚作《跋欧阳文忠公〈庐山高〉诗》云："刘公中刚而外和，忍穷如铁石。……若庐山之美，既备于欧阳文忠公之诗中，朝士大夫读之慨然，欲税尘驾，少挹其清旷而无由。……起居饮食于庐山之下，没而名配此山，以不磨灭。"

司马光为刘涣子刘恕作《刘道原〈十国纪年〉序》，品评刘涣道："为颍上令，不能屈节事上官，年五十弃官。家庐山之阳，且三十年矣，人服其高。欧阳永叔作《庐山高》以美之。"

明朝正德十五年（1520），王守仁慨然挥笔抄录《庐山高赠同年刘中允归南康》。

七年后，即嘉靖六年（1527），户部主事冠天舆和九江兵备副使何棐，将王阳明手书镌刻于九十九盘古道石壁，并于诗壁旁建一石牌坊，横额上刻着王阳明手迹“庐山高”三个大字。欧诗王书，珠联璧合，叹为双绝。

中

刘涣生有二子，刘恕和刘恪，均中进士。长子刘恕，字道原，著名史学家。

《宋史》载：当时，英宗皇帝命司马光编《资治通鉴》。司马光奏曰：“馆阁文学之士诚多，至于专精史学，臣得而知者，唯刘恕耳。”即令刘恕主笔。刘恕当时为编史著作郎、秘书丞，协助司马光编写《资治通鉴》。

苏门四学士之一的张耒，称刘恕“为吏则严簿书，束胥吏，抚鳏寡，绳豪猾，纤悉曲当，皆可为后法”。

刘恕为人正直，因触怒权贵，以亲老为由，放弃京官，“求监南康军酒以就养”。

刘恕之子刘义仲、刘和仲，都是刚直劲节之士。

苏轼在《和刘道原见寄》诗中云：“坐谈足使淮南惧，归去方知冀北空。”并将刘恕比作“群鸡”中的“独鹤”。

刘涣77岁时，夫人钱氏去世，曾巩应刘涣请求作《寿安县君钱氏墓志铭》，对刘涣夫妇高度赞扬：

“刘凝之仕既龃龉，退处庐山之阳。初无一亩之宅、一廛之田，而凝之嚣嚣然乐若有余者。岂独凝之能以义自胜哉？亦其妻能安于理，不戚戚于贫贱，有以相之也。凝之晚有宅于彭蠡之上，有田于西涧之滨。子进于朝廷，荐于乡闾。凝之夫妇，康宁寿考，自肆于山川之间，白发皤然，体不知驾乘之劳，心不知机擭之畏。世人之所慕者无慊焉，世人之有所不能及者独得

（明）沈周——《庐山高》

也。其夫妇如此，可不谓贤哉！”

栖贤寺之西有西涧。晚年，刘涣常骑黄牛来庐山，尤爱西涧。宝峰寺的僧人替他结茅修庐。刘涣于此安顿下来，自称“西涧先生”。

刘涣潜心史学，踏遍庐山的每一个角落，历时20年，写成《庐山记》一卷。

熙宁五年（1072），屯田员外郎陈舜俞因言新法获罪，谪任监南康军酒，也喜欢骑牛游庐山。刘涣年已七十，陈舜俞已届六十，两人过从甚勤，结成同好，二者一道骑牛巡山览胜。龙眠李公麟为之绘图作歌，一时传为佳话。他们早出晚归，一道考察庐山，合作完成了五卷《庐山记》。

下

元丰三年（1080）九月辛未，刘涣晨起，衣冠、言语悉如平时，然无疾而终，享年81岁，葬于星子县清泉乡（县城西郊）。墓志是李常所写。

苏辙应刘涣之子刘恪之请，作《哀西涧先生辞》（又名《刘凝之屯田哀辞》）。

文中写到，这年春上，苏辙被贬高安，路经南康，登门拜谒刘凝之于床前。刘凝之面容温和，言语却肃然严正。家中环睹萧然，一无长物。但见盘中之餐，则以馇粥为食。

苏辙继续写道：“游心尘垢之外，超然无戚戚之意，凛乎其非今世之士也……凝之隐居绝俗三十余年，神益强，气益坚，尽其天年，物莫能伤。”

苏辙盛赞刘涣父子“洁廉不挠，冰清而玉刚”。后人就把刘涣的住所称作“冰玉堂”，称房前溪涧为“冰玉涧”。

北宋以后，有多任南康府知府和星子知县修葺了刘涣读书台、冰玉堂和墓亭。

元祐六年（1091），黄庭坚谒访冰玉堂，作诗赞道："弃官清颍尾，买田落星湾。身在菰蒲中，名满天地间。谁能四十年，保此清净退。往来涧谷中，神光射牛背。"

刘涣夫妇之墓，原在县城西郊少府岭，朱熹任南康知军时，在墓地附近建"壮节亭"。朱熹写有《壮节亭记》，其中说道："清名高洁著于当时而闻于后世，暂而挹其余风者，犹足以激懦而律贪。"可惜，墓与亭俱都被毁，仅余刘涣和夫人墓碑，收藏在县文管所。

南宋刘元高将刘涣与其子刘恕，及刘恕长子刘义仲诗文，辑成《三刘家集》一卷，并收录朱熹的《清净退庵》，注记云："晦翁又于郡学讲堂之东立五贤堂，祠陶靖节及公父子（刘涣、刘恕）、李公择、陈了翁。"

据《南康府志》载："刘西涧祠有二，一在栖贤寺侧，朱子建；一在府治东北，即冰玉堂，宋绍熙间知府曾集建。"

《庐山记》云："朱文公守南康时，即宝峰旧址立'清净退庵'及'静隐亭'以表之。而宝峰因更名静隐院。晦翁有《清净退庵》。"

由此可见，"刘西涧祠"，即是"清净退庵"，称谓不同，地实一也。今皆尽毁。

不少文人墨客来谒冰玉涧，刘涣、刘恕墓以及刘西涧祠，写下了大量赞颂诗文。"苏门四学士"之一的张耒，感于刘氏一家风范，写下《冰玉堂记》。

李氏山房

上

深秋，山腰间，那株金黄透亮的银杏树，在浓绿的山体上十分醒目，就像一盏橘黄色的灯。

多少年来，李氏山房的那株银杏树，给我那种深刻的印象从来就没变过：金黄灿灿，明丽极了。近看，则是天上一半，地上一半，似是满目的黄金。我感到，除此之外，世间再无财富。

尤其让我惊异的是，银杏树独自在山中亭之毒之，且长且落，一年又一年，阅尽风霜，历时千载。千载之下，迁迁不断，人世间该经历几多沧桑？

山风吹来，树叶“哗哗”作响，极像书页翻动声。犹如穿越时空，李氏山房传出的书声，在树梢间回响，久久缭绕，不忍离去。

一阵风与一阵风之间，会有一段间歇，就像书页翻动的节奏。

让人想起当年那些散发着书香的宣纸，在年轻而温热的手指下，鲜活、灵动起来，还原成生命，声响是微细的、柔和的、美妙的，就像思想本身的质地。

而银杏叶翻转时，叶底扇出的微风，也是香甜的、醉人的，声音则是深沉的、浑厚的。树高风悲，犹如阴阳两仪在吐纳呼吸，也犹如历史在沉重地叹息。

此地在五老峰正下方，曾有白石庵精舍，一度为栖贤寺寺域，宋代李常兄弟曾在精舍读书。或许这棵银杏树是庙前树，如今，精舍早已不见踪影，甚至连废墟都难以辨别了，很难想见当年规模。然而古树尚在，不由得让人生发出“树犹如此”之叹。

有一点是可以想象的，李常所居住的，也就是后人为了纪念他，命名为“李氏山房”的居所，一定不小。因为即便是他山居时，都拥有九千余册的藏书，后来扩容为两万多册。有人说，这是我国第一个私人图书馆。仅仅是收藏这么多书籍，需占用多大的空间？多大的房子才能容纳得下它们呢？

再想象一下，在此云深林密之处，兄弟俩每天出入于偌大一个图书馆，这该是一种怎样的奢华：一面是竹树绕宅、鸟兽同群、野趣满前的大自然；而一面是博大精深的精神世界。

银杏树

精舍北倚险峻的五老峰，南面，越过恢宏壮观的栖贤大峡谷，便可俯瞰浩渺无边的鄱阳湖。兄弟俩就在如此之大的空间里读书，博采天地、人文之精华，胸怀中该会孕育出怎样浩荡的气象？又该会熔炼出怎样的学养和眼界？

然而，苦行僧式的生活，并非常人所能及。两位年轻热血书生倘无足够大的愿力和定力，根本耐不住、待不下。可是，他们一住就是几年。几年之后，他们如下山之猛虎，披坚执锐，所攻者破，所战者胜，何往而不可行？

皇祐元年（1049），李常擢第进士。临走前，李常反复摩挲着一函函书籍，真是难以割舍，因为那是他生命中的盐，是血管里的血。现在，他要让这些朝夕相伴的书替他做最后一件事，那就是酬报山神——捐赠给白石庵精舍。弟李布（公南）之后也考上了进士。

苏轼写《李氏山房藏书记》和《书李公择白石山房》诗，赞扬道："是以不藏于家，而藏于其故所居之僧舍，此仁者之心也！"可惜，藏书后毁于兵火。

李常为苏轼至交兼诗友。苏轼赠诗道："宜我与夫子，相好手足侔。"林语堂在《苏东坡传》里面曾描述李常，其形象"矮胖"，不知出于何据？

中

李常，字公择，乃李唐吴王恪公十七世，南康军建昌（永修）县磨刀李村人。生于宋仁宗天圣五年（1027），卒于哲宗元祐五年（1090），年寿六十三岁。

李常出任江州判官，调任宣州观察推官。发运使杨佐向朝廷举荐李常，他却谦让给好友刘琦。杨佐说："世无此风久矣。"于是，将两人一并举荐。

熙宁初，李常任秘阁校理兼史官检讨。王安石引为三司条例检详官，李常坚辞不就。后来，王安石推行新法，李常与孙觉、吕公著、张戬、程颢道上疏，反对“青苗法”。王安石派亲信斡旋，李常不为所动，遂被罢为馆阁校理官。

熙宁九年（1076），李常转任齐州太守。灭除多年盗患，兴水利，赈灾民。其间，苏辙在他属下任事一年左右，对李常十分敬重，赠诗歌数十篇。

哲宗元祐元年（1086），李常起为户部尚书。有人认为他缺少权机干略，难当此任。司马光则说，任用李常掌管财政，就是要让天下人知道，国家不急于征利。

次年，李常奏请设立泉州、密州等地市舶司，是为海上丝绸之路的缘起。

元祐三年（1088），拜御使中丞兼侍读，加龙图阁直学士。

元祐四年（1089），“中丞李常、侍御史盛陶坐不论蔡确，改官”。改任兵部尚书，李常坚辞，改任邓州知府。元祐五年（1090），贬成都知府，赴任途中暴病身亡。

秦观曾作《尚书李公择常行状》，苏颂作《龙图阁直学士知成都府李公墓志铭》，苏轼作跋。

李常有《文集奏议》（有史书称《庐山奏议》）六十卷、《诗传》十卷。《元祐会计录》二十卷为我国首部财政会计学专著。

李常有位姐姐受封为安康郡君，辞章优美，是黄庭坚的母亲。黄庭坚自幼在李常身边长大。《宋元学案》认为，黄庭坚虽是苏门学士，但风格迥异于苏轼，学养来自李常。黄庭坚也曾说：“长我教我，实唯舅氏。”

苏颂在《龙图阁直学士知成都府李公墓志铭》中介绍，李常的父亲李东，溧水县尉，祖辈上可推到李恪、李世民。

李常死后，葬在建昌县西北十六里处的军山，苏颂写墓志铭，黄庭坚题碑。

下

在朝之时，李常曾寄诗给白石庵僧人端老：“烦师为扫山中石，待请归时欲醉眠。”表明他厌倦了仕途，渴望像陶渊明那样，醉眠山石。

然而，这只是一种美好的向往。

端老一遍又一遍地洒扫庭除，拂拭山石；一遍又一遍地打量山间小道，但不见故人归来。

终于，他等不及了，他老了，走了；那些书籍也等不及了，泛黄变脆，卒毁于兵火；甚至连白石庵也等不及了，不久人去寺空，夷为废墟。

唯有庙前的那株银杏树，依旧站在门口苦苦盼望。山下的小道被树木遮挡了视线，它就踮高一点，再踮高一点。就这样，年年岁岁，企足顾盼，银杏也一年年地拔高。因为它相信，只要不停地守望，故人一定会回来。

朱熹游栖贤

淳熙六年（1179），朱熹知南康军，任内数游栖贤谷，总共有七次之多。

淳熙六年4月，朱熹与诸友、同仁、亲属一行13人，访栗里陶村，观谷帘泉，游卧龙岗，进三峡涧，并在栖贤寺摩崖题识，其文曰：

“新安朱熹，奉陪高川苏使君、阆中钱别驾、佥书杨子美、博士杨元范、星子王之才、武宁杨子直、邯郸段仲衡、濂溪周师温，因游卧龙，遂至玉渊三峡。门人丁克、王翰，甥魏愉，幼子在从。淳熙己亥四月上巳日。”

淳熙六年有点特别，四月、七月、九月和十月，朱熹先后游览了三峡涧等地，一年中达四次，足见其钟情之甚。

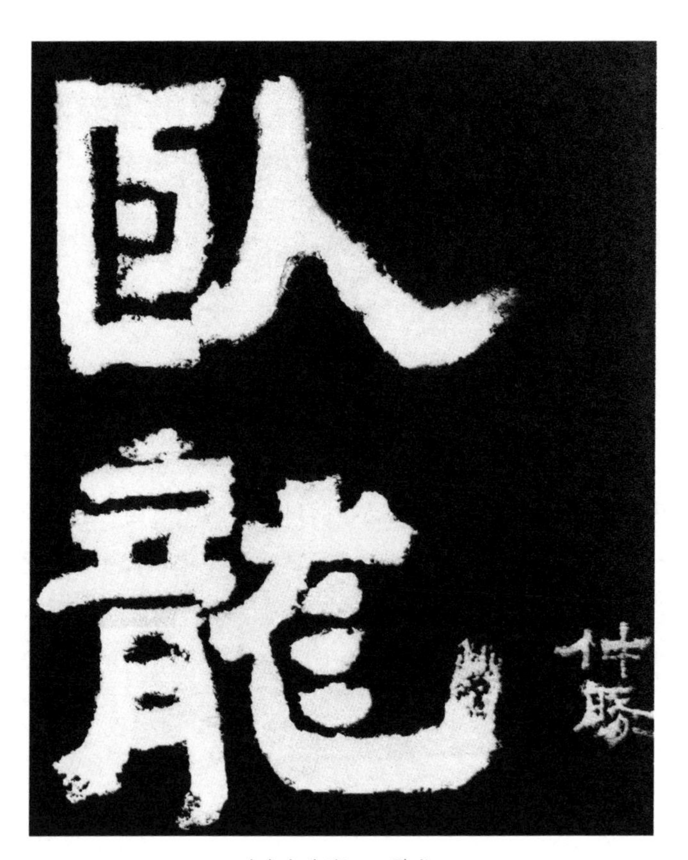

（宋）朱熹——卧龙

九月，是这一年的第三次，朱熹游栗里，经简寂观入栖贤谷，品用了“第六泉”，留下诗句：“永怀仙陆子，久挹浮丘袂。”

朱熹还写有《栖贤院三峡桥》，中有诗句：“老仙有妙句，千古擅奇崛。尚想化鹤来，乘流弄明月。”

最后一次，也即第七次游栖贤谷，是在淳熙八年（1181）闰三月二十九日，是朱熹离任之时。他与送行者一道，重游栗里、归宗、秀峰和简寂观等地后，再次深情款款地步入栖贤大峡谷，作别观音桥、玉渊潭，也作别栖贤寺。

然后，再前往西涧清净退庵，坐下来小憩。他有些累了，不仅是体力上的，也是心理上的。

西涧，曾是刘涣隐居处，号清净退庵。刘涣进士出身，辞官卜居星子，曾骑黄牛往来山中，尤爱此涧。山僧结茅以待之。

休整之时，朱熹在西涧赋诗一首，其中有：“凌兢度三峡，窈窕复一原。”此情此景，宛若重现了他所熟悉的《桃花源记》中的一幕：“林尽水源，便得一山。山有小口，仿佛若有光……”

他何尝不想退隐林泉？否则，离别之时为何不忘拜别西涧？因为，那是一块净土，一个堪称“庐山高”的所在。

汤显祖之梦

万历二十九年（1601），52岁的汤显祖罢职，赋闲在家，以“茧翁”为号，致力于戏剧创作。20余年，他先后创作了《紫钗记》《牡丹亭》《南柯记》《邯郸记》，并称“临川四梦”。

人皆知其有此四梦，殊不知其尚有一梦，惜未玉成，终成憾事。

万历二十一年（1593），汤显祖被任命为浙江遂昌知县。万历二十六年（1598），犹如陶渊明不堪督邮之扰，汤显祖也不堪税监的到来，赴京述职后，径直返回故里临川。从此，便开始了他的退隐岁月。

汤显祖体弱多病，生活凄苦，加之同道好友李贽、达观相继被害狱中，内心苦闷更剧。随后，家中连遭回禄及失子之痛，使之信心丧尽，生活无望，原本存有的佛道之心重新萌发，遂起“续栖贤寺结莲社”之念。

在《续栖贤莲社求友文》中，汤显祖表达了自己强烈的愿望：我六十多岁了，还在操心剧本，为情所驱，犹患疟疾般神经兮兮，常替自己感到悲哀，但又苦于不能摆脱。我怎可吃“嗟来之食”？这一生，只怪我思虑太多，在情和理之间摇摆不定。为之奈何？我应该“绝想人间，澄情觉路”，那个追求西方极乐世界的莲社，该是我最后的依止啊！

东晋时期，（慧）远公与刘遗民等相契合，便有了以十八高贤为核心的善知识群体，就连具有卓绝才华的谢灵运都被拒绝加入莲社，可是，陶渊明尽管饮酒破戒，却被屡次邀约，一时被传为佳话。时移世易，那些令人向往的名迹胜事，已然远去，真恨不生逢其时。

“临渊羡鱼，不如退而结网。”汤显祖有一个绝妙的构想，他想“开莲续社”。他曾经游过庐山栖贤寺，那里是个绝好的去处，曾为唐朝李渤隐居之地。那里“谷林石淙，雷动车震”，三峡桥高，“空寒应心”；五老峰水，映带其左；更有玉渊潭、白鹿洞环侍左近。

他发出感叹：“匡蠡之名迹巨矣，宇宙之名流盛矣！”可谓人文自然，皆称胜绝。

汤显祖与栖贤寺住持乐愚私交甚好，曾为栖贤寺迎请丈六佛像。在《答乐愚上人》中，他说：“远公有灵，世岂无具龙象大力者，成此胜事，不必隐向鸡鹜索食也。”

万历四十二年（1614），年届65岁的汤显祖，欲邀约友人汤嘉宾（前南京国子监祭酒）和岳潜初，前往栖贤寺隐居，共续莲社。

然这年冬，汤显祖的母亲去世，他守孝在家不可能外出，更何况离开临川上庐山。次年正月，其父又以88岁高龄仙逝。汤显祖作为长子，丁忧守制，意味着他不再有机会出远门了。

汤显祖曾写《洁上人重修栖贤二首》，其一曰："五老峰前旧迹开，欲作莲社寄宗雷。陶家酒熟公先至，且作攒眉一笑回。"

其实，汤显祖求友续栖贤寺结莲社，并非真要出家，不过是在"四梦"之外，更添一梦，唯求灰心泯智，韬光匿迹，以寻求精神解脱耳。

宋之盛与顿修

上

宋之盛，世称"白石先生"，是除陶渊明之外九江星子县最有影响力的贤达之一。

宋之盛精于《春秋》。其学以程颢为宗，识仁为要，反对"援禅入儒"。然而，奇怪的是，他却与寺庙甚是投缘，与僧侣结成方外之交者，不止一二。那次著名的三山相会，就是与僧人石舆结伴、徒步前往程山的。而他与栖贤寺僧人顿修，更是情同手足。

顿修，原名家子，命运屡屡不济，备尝艰难，祝发为僧，师事天然和尚，居住于栖贤寺。

在《庐游纪事》中，宋之盛记叙了丙午秋末游览三叠泉和五老峰的过程。文笔优美，尤其是描绘人物间的交谈，栩栩如生，如在眼前。

三叠泉，曾是朱熹向往之地。他离任南康军后，三叠泉才被樵夫发现，只好请人绘图，挂于家中墙壁，反复观摩，权当卧游。

宋之盛屡约友人蹑屐三叠泉，也未如愿。

那天清早，他前去邀请禅者顿修同游。十步开外，恰见顿修头戴斗笠，迎面扶杖走来，身后还跟着两位僧人。宋之盛问他们去哪里？他们说去三叠泉。宋之盛欣喜异常，连早餐都顾不上吃就一路同行。

他们先是观赏了瀑布，进到一座无名精舍访问了主人。后经一线天、月宫庵，在万松坪住宿。次日登五老峰顶。在乾纲岭下，访禅者日焰。他们之间的对话甚有意味，颇见宋之盛对佛教的态度。

当论及男女同处一室时，禅者日焰斥之为殉欲忘性。

宋之盛说，何不看作天地化育？

日焰说，连天地也脱离不了生死。

宋之盛叹息说，横渠（张载）曾说，佛教以心法起灭天地，的确不是信口妄谈，因此，课以归儒则尽人之性，从佛则灭人之类。

日焰拊掌大笑说，但愿人类灭尽，个个成佛去啊。

宋之盛反问道，设若天下户口凋残，公乃快之于心，而生齿繁殖，想必公会大为不悦吧？

这次三叠泉之行，与其说是观瀑，还不如说是一场儒释之辩。宋之盛颇有些咄咄逼人。二者自然闹个不欢而散。

翌日，宋之盛和顿修一行回到栖贤寺住宿。

途中，顿修对宋之盛说，假使您一旦得志，不知要置我辈于何地。宋之盛回答说，也应区别对待吧。我以为，禅人用心精一，明于寂然智圆之体，可惜的是，未从根底上体认出资生资始之大原。二者哑然一笑。

次日，宋之盛离别栖贤，回到髻山草堂。不久，他们又一道去访开先寺。

就在此时，顿修听到父亲去世的消息，顾念母老弟弱，搁置不下。宋之盛劝他回去安葬先人，谋划两个弟弟的生计，使之安顿下来。顿修闻之心动，连连称谢。

丁酉年春，宋之盛拜谒栖贤寺，见到天然和尚，但未见顿修，一问，方知顿修回浙省亲，尚未归回。宋之盛甚为挂念。

中

一年后，顿修回来，想去髻山约访宋之盛，不巧，此时宋之盛正在艾城，此行不果。

甲辰年夏，顿修来到髻山白石访宋之盛，此时已是顿修禅师再次省亲，刚刚从浙江老家回来。二者接谈甚欢。

当宋之盛问及儒家和释家的学理时，顿修脱然而说，本来就没有儒释之分。

宋之盛点头称许，说：就拿顿公省亲来说吧，屡次三番不远千里，更相信人同此心，心同此理，即便是面对往圣，此情此理都经得起检验，留待将来，也不会有何差池。的确，儒释本来确无二致。

继而，宋之盛问顿修，听说，释家有父母，对出家的子女拜称自己为弟子的，果有其事？

顿修说，有的。

宋之盛进问，那么，他们相见时所行何礼呢？

顿修说，每当初一、十五，参见其师——也就是自己的孩子，必行拜礼，皆因重道。

宋之盛一时愕然，顿起疑心，继而气粗。

他正色道，既为重道，先就枉屈了父子之道，此为何道？道，乃是顺性而为，然后推及天下，因此孩提幼童无不懂得爱父母；及其成人无不懂得礼拜他的父兄。这也是人同此心，心同此理，即便是面对往圣先贤，也都经得起推敲。因此，父子人伦，实乃天性。现在却让父亲礼拜其子，不知道父亲下拜时，儿子受之是否心安？抑或不安？若是不安依然接收，此乃违背天性，并非有道。假如安心地接收下拜，则天性泯灭殆尽，何言重道？

宋之盛顿了一下，但见顿修静默无语，似在低头观想。

他接着说，古人有言："盛德之士，君不得而臣，父不得而子"，"舜南面而立，尧帅诸侯北面而朝之，瞽瞍亦北面而朝之。舜见瞽瞍，其容有蹙"，这是被孟子所斥为齐东野人之言，虽说是齐东野人之语，然而还说"容有蹙""殆哉岌岌乎！"大概也在此呈现出了舜的大为不安。为什么呢？仍是因为人同此心，心同此理，齐东野人尚且明白，何况闻道之人，岂有不晓之理？

顿修低眉数珠，轻答，您所说的是行为，行为有时会有差别，但心并无不同。

宋之盛说，顿公此说，尤难苟同。诚如您所说，那么心意和行为岂不成了两回事？天下哪有心意和行为判然二物的？不就等于让李树开出桃花，让谷种长出稗子的苗来？就算是用来诓骗五尺孩童，也断断不会信服，何况闻道之人呢？

稍停，宋之盛接着穷追不舍地说，试请顿公体察一番您省亲的念头，为何发之于心，即动之于足，而不惮路途遥远？顿公何不以独自静坐栖贤权当省亲，非得茧足千里去浙江？岂不是有浙江省亲之念，同时又有赴浙之行来满足其念，则心意与行动分明就是一致的，哪能是两回事？我确信顿公屡番省亲，不辞间关千里，也契合此心此理，从这个意义来说，的确是本来就无儒释之分啊。

顿修默然。

顿修禅师离开髻山白石时，宋之盛一路相送，一路交谈，拳拳之意溢于言表，辩驳带来的紧张气氛，一时随风消散。

回到家里，宋之盛仍不无忧虑，担心顿修舍儒从释之后，浸淫已久，连屡次省亲的念想都化作虚无，并且认为心意和行为应分割开来，颠倒恣睢，安然接受父母之拜，因此写下《送禅者顿修归栖贤序》，诚挚地表达了他的内心所想，并将此序寄送给天然法师。

从此序不难看出，宋明理学之后，在有清一代理学逐渐式微之时，宋之盛仍自觉地打起理学大旗，其担当之精神之坚守，实属难能。

然而，从佛教角度来看，出家子礼在家父母，是为化身礼；在家父母皈依出家子并礼拜，是为报身礼；各行其是敦伦尽分，自他无碍，是为清净法身礼。宋之盛与顿修之论，所因角度不同，也就无所谓对错是非之分。

宋之盛与僧人过从甚密，又频有争执，有时还十分激烈，可以看作两种智慧交锋，从交锋中，思想砥砺得越益精细锋锐。所以他一方面态度鲜明诋佛，一方面又暗中近佛亲佛。从很多大儒身上都能发现这一奇妙的精神现象。

下

宋之盛，字未有，江西星子白石咀（今华林乡）人。四岁丧父。崇祯十二年（1639）中举，是年 27 岁。游览扬州等地后，回乡授学为业。

清兵南下，更名宋佚、宋惕，以表心志。在庐山余脉黄龙山青霞观隐居，后向南迁至丫髻山。奉行“三不”：不入城、不为官、不拜谒清官吏。潜心理学，世称“髻山先生”。

顺治七年（1650），江西巡抚蔡士英礼聘宋之盛为白鹿洞书院山长，宋坚辞不受。每逢明亡之日，必更换上明时衣冠，闭门谢客，默而悲之。

庐山瀑布“飞流直下三千尺”

一生以授徒讲学为己任，四方来会者众。与之一起归隐的还有吴一圣、查天球、查小苏、余晪、夏伟和门人周长孺六人，人称“髻山七隐”。

康熙四年（1665），应南丰程山谢文洊之邀，宋之盛前往程山，与谢文洊一见如故。宋之盛又邀请宁都翠微峰魏禧等来相聚。这样，三山共一山，成就了一次著名的盛会，标志着明末清初江西理学“三大学派”的形成。在学舍讲学多日，聚论程朱理学，听者云集。因宋之盛的气节过人，被公推为清初“江西三山学派”之祖。

宋之盛著述颇丰，有《求仁篇》《乙巳岁余录》《丙午山间语录》《程山问辨》《匡南所见录》《丧礼订误》《太极归心图说》《大学咏》《髻山语录》等，可惜大多遗失，尚存《髻山文抄》一卷，收入《豫章丛书》。

宋之盛去世后，门人私谥号为“文贞”。后禀旨入乡贤祠，从祀白鹿洞书院。

匡山草堂

上

清光绪年间（1875—1908），湖南人易顺鼎隐居庐山，在三峡涧西筑匡山草堂。观音桥西岸沿慈航寺南行两百步，即是草堂所在。

这是他为自己建造的王国，他是这个山林王国的君王。据说他是携二妾来此隐居的，不知是否真确。

其实，草堂只是一个集合名字，包含诸多亭台楼榭。有名有号的十八类之多。庭院深深，不啻为一座依山而建的高低错落的迷宫。易顺鼎日日耽迷其间，一时忘却世情。

一是兰若草堂，可称为寺庙，亦可称作草堂。一是琴志楼，取义为志在高山，志在流水，觅知音也。一是畹岩，植兰之所。一是鼻功德圃，种桂与梅，满足嗅觉感官。一是听湍轩，在易顺鼎眼里，他处也可以听涧流，而此处则是最适宜之处。一是云锦亭，取李白诗《庐山谣寄卢侍御虚舟》中语："庐山秀出南斗傍，屏风九叠云锦张"，此亭恰对五老诸峰。

此外，还有"茶烟廊""粥饭寮""玉井""缒仙梯""三峡船"等。

周边景色，也一并囊括其中，皆纳入草堂范畴，悉予命名。如"龙溜"，瀑似悬溜，小瀑布也；如"小绿水洋"，潭深似绿海；如"藏舟壑"，泊船泛舟之碧潭。富有意味的是，他将一片松树林命名为"岁寒"。其余有"鳌矶""飞虹梁"……

草堂俯瞰深涧，而琴志楼则高耸其上。楼三间，堂六间。草堂后为圃，有四株桂树、两株梅树。圃后墙内是岩石，三分石七分土。距圃五步远上行，有兰数十株，植诸山崖。

堂前为轩，一道矮墙，开窗数扇，窗格疏朗，亮堂宽敞。轩中整天可闻"龙溜"和涧水声，细辨之，小瀑如雨淋漓，涧水声则如雷吼。

出轩，左门为茶烟廊、粥饭寮。北行十余步，又从东南方下涧，方至云锦亭。从轩中眺望五老峰，仅见其中四峰，从云锦亭眺望，则全体俱在。假如在亭南置一面镜，那么，五老峰尽收于镜中，峰顶、云瀑、松石，乃至僧人和樵夫，纤毫毕现，一一可数。

云锦亭位于涧西磐石上，磐石层叠，足有半亩之大。从"缒仙梯"上攀，到达"鳌矶"，前对"龙溜"，下瞰"小绿水洋"。此时，若于月下敷坐其上，怡然自得，悄然无声，顿生皇帝脱屣之思，将一切全都放下。

"鳌矶"南面幽深，如港口码头，古树断岸，乃天然泊舟之处。每当春夏之际，大雨滂沱，水高丈余，由此可以驶入鄱阳湖，西溯洞庭湖，上行可至沅水、湘江和岷江，可以还家。向东可顺流入海，泛舟欧美。

从“鳌矶”的南石渡到北石，相距三丈，可取道“飞虹梁”；从西石到东石，隔涧相距四丈，则取道“三峡船”。桥架水上，人行空中，奇险天下无。庐山泉石虽然殊胜，少有二者兼奇，二者兼奇的则以此地最佳。

出轩右行，曲廊相接。植有各种花草、芭蕉和竹子，延绵十二阑。阑内有三间屋，是为“松社”。内设宾榻，以静候足音跫然的嘉宾到来。

阑外为“玉井”，上架石桥，从岩石后引来涓涓泉流，注入井中。玉井，乃池塘也。每到熏风南来，荷花怒放，鲜花袅娜，清香四溢，莲藕翘翘，宛如舟船。状若仙境，实属罕见。

草堂西抵“畹岩”，东抵“三峡船”，东南抵“藏舟壑”，南抵“松社”，北抵“粥饭寮”。造价四十万之多。

易顺鼎说：“我平生走过山川，不计其数，然独爱此山水，一丘一壑，难以割舍。”

下

易顺鼎，湖南龙阳（今汉寿）县人，字实甫，号“哭庵”等。与袁克文、何震彝等称为“寒庐七子”，是清末有影响的大诗人之一。

清咸丰八年（1858），易顺鼎生于官宦之家，父亲易佩绅曾任山西、四川、江苏布政使。5岁能文，8岁能诗，被称为神童。

父亲易佩绅率湘军北上赴陕，防堵太平军西进时，7岁的易顺鼎随母到了汉中。太平军破汉中城，易顺鼎与家人被冲散。随后，他独自行乞多日，误入太平军，达半年之久。

次年，易顺鼎才被清军首领僧格林沁搭救。初见僧格林沁，易顺鼎毫无畏惧。因为湖南话难懂，他就手蘸唾液在僧格林沁手心写上父亲和自己的大名。僧格林沁讶异非常，赞叹说：“奇儿也！”

易顺鼎18岁中举，然而六次会试均告落第。光绪年间，因呈送三省河图，被保荐为候补道，加按察使衔。虽属二品顶戴，但为虚衔，深感不遇，告病隐居，在庐山筑琴志楼。于是有了上述匡山草堂之说。

张之洞爱其才，聘为两湖书院教席，不久母逝丁艰，易顺鼎回家服孝。

中日甲午战起，易顺鼎投笔从戎，招为山海关守将刘坤军幕。上书说："不患不出于战，而患一战之后终归于和；不患终归于和，而患失战与和之本。"提出十条主张，请缨杀敌。

后，清兵战败，被迫和谈，拟割让台湾。易顺鼎冒死再上万言，力主"罢合议，褫权奸，筹战事"。向刘坤哭诉："愿只身入虎口，幸则为弦高之犒师，不幸则为鲁连之蹈海。"刘坤感动，为之壮行。

易顺鼎抵达厦门时，台北失守。装扮船员乘英国轮船渡海，与台湾守将刘永福一道作战。后因军饷不济，易顺鼎返回内地筹饷。再次赴台抗敌，因势单力薄，援军不至，台湾遂沦陷。

八国联军入侵北京时，易顺鼎调守陕西，督办江楚转运。后任广西右江道。以与两广总督相左，被劾罢归。

后来，他与"民国四公子"之一、袁世凯次子袁克文以诗文结识，十分投缘。任袁世凯印铸局帮办职务。

袁世凯称帝失败后，力主帝制的易顺鼎颇为失意。晚年以遗老自居，漂泊京师，放浪形骸，寄情诗酒声色。1920年，在贫病交加中去世。

易顺鼎曾自况："初为神童，为才子；继为酒人，为游侠少年，为名士；为经生，为学人；为贵官，为隐士。忽东忽西，忽出忽处，其师友谑之为'神龙'。其操行无定，若儒若墨，若夷若惠，莫能以一节称之。为文章亦然，或古或今，或朴或华，莫能以一诣绳之。要其轻天下、齐万物之性，非尧舜、薄汤武之心，则未尝一日易也。"

他曾说："人生必备三副热泪：一哭天下大事不可为；二哭文章不遇知

庐山脚下的寺庙

己；三哭从来沦落不偶佳人。此三副泪，绝非小儿女惺惺作态可比，唯大英雄方能得其中至味。”

异日林泉

上

1926 年冬，北伐节节胜利，时任北伐军总司令的蒋介石首次来到庐山，前后为期 10 天。

那年 12 月 4 日，蒋介石与中央各委员由南昌乘火车到九江，下午换轿从莲花洞经好汉坡到达牯岭。6 日晚，召开会议，其中有商讨迁都议题——蒋介石主张从广州迁都武汉。此会首开“庐山会议”之例。

会后（8 日），蒋介石专程护送宋庆龄于九江乘船去武汉，顺便迎接方将抵浔的陈洁如，这是他当时的太太。次日，蒋介石偕陈洁如再登庐山。

12 月 10 日，上午会客。11 点，蒋介石夫妇分乘两顶轿子，在 12 名卫士和两名家仆的护卫下，由牯岭街前往含鄱口。于此眺望汉阳峰、五老峰及鄱阳湖，雾中不易辨认，虽或偶露一角，也足以叹为奇绝。

晴好天，这里可观鄱阳湖点点白帆，粼粼碧波。眼下的阵阵烟岚，他只能近观。俯瞰栖贤大峡谷，巨壑深涧，涵泳万方。再看五老峰正笔走龙蛇，直饮彭蠡。他认为这是庐山正脉所在，不由得产生一种敬畏之情来。

蒋介石来到千年古刹栖贤寺，对古圣先贤，虔诚礼敬。品茗稍息，便出门南行，穿过那片楮树林时，他听到了汩汩的水声，玉渊潭近在眼前。只见潭形如釜，清不见底，婉转清丽，令人喜爱。

接着前行一里许，就到了气势恢宏的观音桥。他下到桥拱西趾，俯临金井。金井形似葫芦，波映天光，宛如明镜，水声入耳，荡尽尘嚣，机心陡息。一路挥师北上，金戈铁马，杀声震天，至此悉皆归于岑寂，他感到少有的安静。

踱桥而东，他看到一方碧池上题有“第六泉”的字样，遥想陆羽尝尽天下好水，不禁舀起一勺品尝，倍觉泉水甘洌可爱。

复行十余里，到白鹿洞书院。此地幽静异常，五老峰峙据其右，贯道溪纵贯其中，长松遮云蔽日，巨石幕天席地，真乃别一洞天。尤喜王阳明和朱晦庵的字迹油然在目，书院旧址犹存，感到分外亲切。

再行六里许，来到海会寺时已是傍晚，虽然寺宇窄隘简陋，但庐山真面目，或许于此处即可窥见一二。特别是五老峰峭拔高耸，历历分明，可亲可近。

那一夜，他宿海会寺，虽然有些倦意，还是抽空记下当日游历的日记，不长的一篇文字，一连写下了三个“爱”字，还有“敬畏”二字，他感到少有的“心静”。

翌日 8 点后，蒋介石一行从海会寺出发，至万杉寺，一里许到秀峰寺。此地诸峰荟萃，嵯峨雄伟，诚如入画。上有李璟读书台，下有清澈见底的龙潭，遂发出感叹：“其水之声与色皆令人不能离也。将来如能优游林泉，此其地也。”

游兴颇浓，流连忘返。晚上 9 点才回到庐山仙岩饭店。

陈洁如在回忆录中写道：“我们爬山登高，饱览远处长江峡谷的风情。我们参观了各具情趣的寺庙，每到一处佛坛，都向佛像鞠躬行礼，并叫阿顺（蒋的仆从）付给‘香油’钱，作为我们的奉献。”

尽管庐山已值寒冬，而刚刚平定两湖、攻占江西的北伐军总司令，却是春风拂面，意气风发。秀丽的山水、深厚的人文底蕴，深深地触动了倚重传统文化的蒋介石，让他一见即钟情倾心。他甚至生起了“异日退老林泉，此其地欤”之念。

因而，他在秀峰设立了行馆，在观音桥复设行馆，在太乙将军村建有桂庄别墅，在牯岭拥有美庐别墅。在一座方圆不大的山，竟拥有两处行馆，两处别墅，足见其喜爱之甚，似乎无以复加了。然而还远不止于此。

他把军官训练团设立在海会，每期必亲临训导。蒋介石曾说：“早在我第一次上庐山时，就看中了这个训练、培养军事人才的好地方。”

在以后20多年的时间里，他每年暑期都来庐山办公。从1926年至1948年，抗战时期除外，蒋介石18次上庐山，主持召开了11次重要会议。庐山逐渐成为国民党的另一个政治中心，一座著名的“夏都”。庐山成为政治名山，盖肇始于此。

据说他还有过将都城迁往庐山山麓的动议，作为“西京”，不知是否可信。

中

往后，蒋介石频频亲临栖贤大峡谷。

1929年，粤籍国民党退役将军曾晚归、刘一公等七人率先在太乙村建别墅。后闻风而来者又十几人，至20世纪30年代初，蒋介石、陈诚、严重等国民党军要在此建成别墅有18栋，取名为“太乙村”，人称其为“将军村”。

1931年，蒋介石与胡汉民矛盾日益加剧，发展到胡汉民遭软禁。胡汉民的部下纷纷反蒋，想另起炉灶，同时准备刺杀蒋介石。

6月，“暗杀大王”王亚樵探知蒋介石将去太乙村的消息后，立即下令十余人装扮成游客，潜于庐山。将枪暗藏于金华火腿中。到太乙村后，他们取出枪后，不慎将火腿扔进树丛。蒋介石的侍卫发现火腿，因而加强了警戒，封山搜索。

太乙村

一日，蒋介石在太乙村甬道上散步，走向竹林。担任刺杀任务的陈成正守候在附近。方欲射击，一名侍卫突然走过来，护卫着蒋介石往回走。陈成冲上前连发两枪，一枪未中，反被蒋介石侍卫的乱枪击倒，当即毙命。

同年，蒋介石从观音桥上行，偕同著名教育家吴稚晖来栖贤寺礼佛，并于山门边的两棵红豆杉前合影留念。

蒋介石在海会军官训练团训导时，曾来栖贤寺。他给庙里做了四个大箱子，用来安放《五百罗汉图》。每个一立方米，用上好的白芯樟木做成。每面都是整木，每块木板上都刻有浮雕，内容分别为“渔、樵、耕、读”，做工十分考究，连人物所戴斗笠用以编结的竹篾纹理都清清楚楚。四个箱子就摆在禅场里。

1934年，江西省政府主席熊式辉，在观音桥原匡山草堂旧址建造屋舍，供蒋介石来山居住。这是秀峰行馆之外的又一处行馆。“西安事变”后，蒋介石来此行馆疗伤。

1937年12月，日军进攻南京，蒋介石又来到这里，他站立观音桥头感慨万千地说，“风景依旧，时势大变矣”，并在这里通过无线电发出了南京撤退的命令。接下来，便发生了震惊中外的“南京大屠杀”。

1946年7月20日，阔别庐山行将九年，蒋介石重游胜地，思绪万千，但总的来说，其心情十分“爽阳”。

时隔两月，蒋介石又一次来到秀峰寺，站在行馆的废基前，徘徊良久，不胜慨叹。日军占据期间将其1935年所建避暑行馆焚毁一净。秀峰寺“方丈寮及大禅堂被毁，双桂堂之门窗及楼板，全被拆去，临时佛殿内之布置设备，亦荡然无存”。在读书台上，清康熙帝临米书诗碑，遭驻寺日军的破坏，斜断为二，扑倒在地。

次年9月4日，他在日记中写道：“朝课后研究战局完，修正讲稿。正午游五老峰巅，与妻及罗厅长等野餐。天朗气清，仰观宇宙，俯察品类霍如焉。眺望观音桥、栖贤寺、白鹿洞与海会训练团旧址，皆历历在目，心神为之一爽。自五老洞至五老岭一带风景，俯瞰奇石孤松，更觉可爱，恋慕不能舍也。”

11月2日，他又写道：“庐山秋景，令人留恋无穷，未知何日能卸除职务，优游终老于此耶。”

这年的最后几天，庐山风雪弥漫，天地一片朦胧，牯岭被一层厚厚的冰雪覆盖。

1948年2月9日，除夕。上午11点，蒋介石和宋美龄乘飞机由京到浔，下午3点半到达牯岭。他们在雪地漫步，倍觉空气清冷，环境幽雅，琼山银树，叹为观止。“日光与雪色皎洁明澈，益见雪中松柏愈青，秀挺之难得而可贵矣。”

下午批阅公文毕，蒋介石与妻子携手同行至图书馆游览。晚课后，设宴招待侍从人员，之后燃放花筒与高升鞭炮。

蒋介石几乎每天记日记，养成了反省的习惯。回到寓所，他开始记日记。他回忆起21岁考入保定军校时，未能回家过年，母亲和前妻曾在此夕对泣不能成音，以至于不食而眠。“想见多时家中孤苦与慈爱之情形，每念及此，不胜其不肖忤逆之悔，然已无极矣。”

窗外，零星的一点鞭炮不时炸响，更显得凄清。然而，相对于山外的喧嚣和战乱，他更愿意享受这份清静与平和。

次日是正月初一，天气放晴，日暖风静。他感到心神怡愉，在庭园散步。下午夫妻同游访仙亭，在观妙亭眺望雪景。

2月14日，西方情人节。晨起，蒋介石尚有些咳嗽。下午3点左右，妻子在他身旁替他缝衣补纽。他感叹“大令”的针线女工之精巧，比之文字思想更为难能而可贵。“以现代之女子求其文字高深者尚易，而求其能针线与文字全能者实未见也。”夫妻俩在炉前对话谈心，他感到其乐无穷，病体亦无其疲困矣。

下

随着解放战争的步步推进，蒋介石深感日益局促，即使置身庐山，犹觉浑身不太自在。“近日病体仍未全复，心神忧患未能消除，故时动怒气，近来沉闷郁悒异甚。……然如过去半年之辛劳，如此次再不来庐休息，则必更病矣。”

1948 年 2 月 25 日，蒋介石与宋美龄一道，最后一次来到栖贤大峡谷，客观上成了一次告别游。

他们在含鄱口野餐后，同往观音桥游览，即前第二慈庵之旧址，也即是他的行馆所在地。前后徙倚其间达一个多小时。他们来到三峡涧前的南亭观峡听泉。瀑流十分优雅，让人生起另一种情怀来，“只能意会神领，绝非笔墨所能形容”。他找不到合适的字眼，只以“幽静”二字表达。他写道：“余所游之地，再无幽静如此地者也。而且五老峰直峙其侧，更显庄严矣。”

尽管周遭是如此安谧，而此时蒋介石的内心却是倒海翻江。

他去意已定，这是他最后一次栖贤听泉了。他预料到，此去不过是暮霭沉沉楚天阔，是红尘万丈，是丢盔弃甲，是一路哀号……

晚上 7 点，他和宋美龄回到牯岭，沿途风清日和，鸟语泉鸣，风光景色，怡娱自得，比前更甚。于是，他对妻子说，我们来庐山已有十八天了，有此半日的清闲享受，就算是不负此行了。宋美龄兴致勃勃地回应道，只要夫君您能感到快乐，那么我任何景地也都会快乐的。

然而，只能是一晌贪欢，苦中求乐。此时他们的对话流露出浓重的忧郁：异日此地退老林泉，其可得乎？

遥想二十年前，北伐战争何其骁勇英武，一往无前，跟今日相较，判若

蒋介石和宋美龄在观音桥

两人，其势不可同日而语。

回到牯岭不到一小时，就接到张群的电话，称上海谣言四起，开始传蒋介石被刺，接着又传他辞职，人心惶惶，物价飞涨。他本想在庐山多住三日，却不能不提前回京。

次日，5点即醒，进一步确定立即回京。起床后处理回京事宜。早课后记下日记，之后审阅战报，整理行装书籍。午餐毕，与宋美龄祷告后，下午2点由庐起程，晚7点到京。

此后，蒋介石再也没有来过他在庐山活动最多的地方——栖贤大峡谷。

随着辽沈战役拉开序幕，国民党军队每况愈下，蒋介石深感来日无多。

同年8月9日，蒋介石偕宋美龄最后一次来庐山，于以往下榻的别墅待了十天左右，他们要在此了结一些事情。8月18日，他们在别墅旁小径边的一块石头上，请人刻下了“美庐”两个字，就仓促离开了庐山，此后再也没来过庐山。

蒋介石和宋美龄在观音桥行馆种下了两株水杉，人称“夫妻树”。在太乙村桂庄种下了两株桂花树，蒋介石去世后，其一枯萎，其一幸存；宋美龄去世后，幸存的那株桂花树也多半枯死，只剩下一根偏枝。

本来无一物

观音桥

上

深山藏古桥。

这桥一藏就是一千多年。它似乎从来不曾在世人面前展露过，不曾参与世俗的生活，仿佛得道成仙，永远那么坚致牢固，宛若其初。

这座桥之前，此地先后有过两座古桥。

唐朝在此建有一座木桥。在《煎茶水记》中陆羽品评道："庐山康王谷水帘水第一……庐山招贤寺下方桥潭水第六。"或许此桥就叫"三峡桥"。因为年代久远，无可稽考。

另一座桥建于南唐时期。

南唐辛酉年（961），天子省方，千官扈从，万乘随行。元宗李璟乘坐龙船驶入星子落星湾，登临庐山游览观音桥。但见双崖壁立，耳听惊湍雷吼。一座木桥如断虹般横卧两岸，岌岌可危，似乎随时要飘移而去。

李璟便对时任栖贤寺住持智筠禅师说："我爱天下生灵，视之如己，岂可让出尘之士，往来履险呢？不必在意一时之劳，应求永逸之效。"

李璟便交代左右臣僚，玉成此事。仍用御库二十万，以充费用，营建新桥。皇帝亲自下令并资助建桥，自古以来并不多见，一时成为林下之盛事，被载入史册。

建造过程，盛况空前。南唐朱遵度在《栖贤寺碑》中文采斐然地描绘："众人役役，因善价而沽诸；伐木丁丁，俄梓材而如积。"

桥梁建成后，"屹若神化，皆从圣谋。朱栏修且直，大厦壮且丽。马师皇过此，免更乘龙；邓隐峰经行，不劳飞锡"。

新桥依旧以"三峡桥"为名。在桥北栖贤寺侧建驻銮亭，并将寺后的观音岩改为宴圣岩，这些地方都是李璟当时驻跸之所。

尽管这座木桥已消失在山谷的烟云中，但由于其特殊的意义，值得记载下来。

中

大概20年前，我第一次来看到的是宋代建造的桥，这是有记载的第三座桥。

这座石拱观音桥让我震惊不已。千年树木，出自天然，本已难得；而千年桥梁，出自人工，尤为难能。它何以久立不败呢？这真是个谜。

走近看时，这才发现，似乎经过长久的弥合，它与周边已浑然一体，看不出一点人为的痕迹，倒像是两岸的岩石相向着日滋月生，最终合龙，连接

观音桥

成了一个整体。一切都显得严丝合缝，卓然天成。

从桥上走过，你甚至都感觉不到桥的存在，很自然地到达彼岸。可是，当你俯瞰桥下，则双腿觳觫，若不自持。

古人状写高度很是巧妙，往往不直写几丈几尺，而是给你一个模糊的概念，造成不可测度的印象。明朝王祎在《游栖贤寺观三峡桥记》中写道："桥上俯视涧底，亡虑百千尺。"

什么是"亡虑"？有解释为"大约"的意思，似乎不够准确。其实它是一个很具象的词汇：桥足有百千尺之高，以致你的目光在探测过程中，似乎过去了很久，久到让人失去了思虑，不知身在何处，这就是"亡虑"的感觉。或曰，百尺也好，千尺也好，终不敢以智识测度。此意亦甚好。

如若不信，王祎接着实证道："或云以瓶贮水五升许，从瓶嘴中泻出，缕缕下注，瓶竭，水乃着涧底。"

其实，桥距离金井水面有多高，并不难测定，何必多此一举？之所以要以此方式加以证实，无非是突出桥梁高不可测罢了。

就像国画，重在写意，而非写实。写出画家眼中经过主观参与的图景，而非实有景象。

观音桥所有的密码，都蕴藏在桥梁下方的拱券中。

拱券刻有题志："维皇宋大中祥符七年，岁次甲寅二月丁巳朔建此桥，上愿皇帝万岁，法轮常转，雨顺风调，天下民安。谨题。"即说，桥建于1014年，距今已有一千多年了。

侧旁还刻有"福州僧德朗勾当造桥""建州僧文秀教化造桥""江州匠陈智福，弟智海、智洪"等字。这下都全了，总负责人、督导者和建造者，都有了。

据载，福州德朗和尚和建州文秀和尚慕名来访栖贤寺，走到三峡涧东岸，路断成壑，栖贤寺可望而不可即。两位高僧乃驻锡栖贤，为方便僧众往

棺材石

来，共计建桥之事，四方化募，并请来工匠陈氏三兄弟。

三兄弟架桥，屡遭洪水冲毁。僧众每日上殿念经，祈求佛祖保佑。或许是真诚感动了上天，桥终于建起来了。

桥长约 24.4 米，宽约 4.33 米，高 10.67 米。桥为纵列单拱榫卯结构。由七道拱券共 107 块公母榫花岗石锁扣而成，每块石重达一吨以上。拱券之间以“×”字形铸铁相勾连。铸铁名“细腰”，两头大，中间小。

距桥百余步，有长方形巨石侧卧北涧中，因形似棺材，被称为“棺材石”。上刻“回澜”、“水哉”，为“歇得主人”（关中提学黄虞再）所刻。

至于棺材石的来由，据桑乔的《庐山记》和毛德琦的《南康府志》：“盖造桥时所用以缓上流之势者也，其嵲屼处若有小石支可见。”

下

关于棺材石，另有传说——

栖贤大峡谷有九十九条沟壑，一同汇入栖贤深涧，叫“九九归一”。然而，九十九条沟壑就有九十九个精怪，它们不喜欢任何束缚它们的东西，哪怕是一座横跨深涧的桥梁。于是，它们聚首共商毁桥之策。

观音菩萨化身精怪，混入此中，她发表意见说，要毁桥就要先拿出主意来。棺材精便自告奋勇地说，我去。大家一想，也都赞成。因为，在水中，棺材精横行无忌，威力无比。观音菩萨知道精怪们必定会与她作对，便笑着说，依我看，最好是直冲而下，再牢靠的桥都会冲垮。精怪们暗中商议，偏要横着来。

果真，棺材精横卧翻滚，排空而下，势如雷霆。观音菩萨看准时机，一脚将棺材石踩住，使之不得动弹，定格在观音桥上方十来丈远的地方。观音菩萨现出原形，为棺材精授三皈依法，并嘱其亘古不移，守护此桥。棺材石化害为利，不但没有毁坏桥梁，而且因为它的阻挡，减缓了水的流速，对大桥起到了护卫作用，使得大桥历经千年，仍安然无恙。

棺材石上，至今还留下一个清晰的脚印。

为感恩观音菩萨的慈悲，人们称此桥为“观音桥”。

另有传说云：棺材石者，桥北十数丈有石方整，如棺而大，横亘涧上，俗谓之棺材石，曾传有孽蛟从谷中出，水怒涌，势且毁桥，时栖贤有异僧，叱神挽此石扼之。蛟退，桥得不坏，故亦名扼蛟石。

桥原名“栖贤桥”或“三峡桥”，后因当地人在桥西立庙，祭祀观音，遂改称“观音桥”。

观音桥被认为是“鬼斧神工，非人力所为”，“缔构伟壮，神施鬼设”。

民国时，桥体曾被迅雷击中，有块石头的一端榫头脱落，悬在半空，长期无敢问津者。后来，又一次暴雨，一位山民桥下避雨，雷鸣电闪之中，忽见空中观音显像，雷霆过后，这块石头竟自然翕合，宛如其初。

对于这座桥，历代文人均有吟咏。苏轼写有《栖贤三峡桥》，黄庭坚作《栖贤桥铭》，朱熹有《栖贤院三峡桥》诗，唐寅绘有《庐山三峡桥》一图等。

黄庭坚在《栖贤桥铭》中写道：“二山剑立，泷落天路。北垂康王之帘，南曳开先之布。银河倾泻，起蛰千雷，斫山为梁，无有坏陨。骊龙守珠，不可钓罩。式告游者，见危思孝。”

人称“北有赵州桥，南有观音桥”，观音桥属我国江南现存古桥中年代最早的纵列单券花岗石、榫卯结构的千年古桥，成为研究宋代桥梁的活化石。1988 年，国务院将它列为全国重点保护文物。

《庐山三峡桥》

明正德九年（1514）冬，唐伯虎不堪皇室倾轧，决意不事宁王朱宸濠，以装疯卖傻的方法逃脱宁王府，从南昌买舟回苏州老家。

船经星子，时值天寒地冻，庐山银装素裹。唐伯虎站立船头，仰首北望，但见群山岧峣，一派皎然，忍不住泊岸游览。选择的也是苏辙的线路——从观音桥上行，谒访栖贤寺。

凛冽的寒气和坚硬的冰凌，将他内心的焦灼渐渐平息下来。在此，他带着侥幸逃生的一份喜悦，欣然挥笔，画下了著名的《庐山三峡桥》。

画毕，题诗一首："匡庐山前三峡桥，悬流溅扑鱼龙跳。羸骖强策不肯度，古木惨淡风萧萧。"

《庐山三峡桥》，又称《庐山图》或《匡庐图》，为全景山水画，所画为庐山观音桥一带景观：山峰嵯峨，古木惨淡，瀑流汹涌，石瘦泉冷。风格清刚俊逸，意境萧索苍郁。图文色调一致，相互呼应，作者借以抒发自己沉重而压抑的情感。

该画现由安徽省博物馆收藏。

《五百罗汉图》

上

清代万承苍所撰《栖贤寺五百罗汉图记》载，康熙年间（1662—1722），

（明）唐寅——《庐山三峡桥》，亦称《匡庐图》

奉天铁岭人金世扬少游庐山，在栖贤寺读书，并许下大愿，他年得志必当酬报山神。

30 年后，金世扬以河南观察升任苏州布政使，掌管一省之财赋人事。他想，该还愿了。于是，他千金聘请画师许从龙，来官邸画画。

许从龙，浙江嘉善人，移居常熟，人称“许虎头”（东晋著名画家顾恺之的小名为“虎头”）。历七年之久，于康熙四十六年（1707），终于画毕，共 200 轴罗汉图，是为《五百罗汉图》（以下简称《罗汉图》）。

1712 年，金世扬将《罗汉图》精美装裱，分贮八箱，租用专船，运抵南昌。于“浴佛节”（四月初八）展出，全城为之倾倒。远近观礼者达数万人之多，皆叹为观止。

不久，金世扬将图运至栖贤寺，赠予该寺，永久供奉。至此，终于了却一大夙愿。

《罗汉图》，每幅长八尺余，宽近四尺。题材皆出自佛教典故，有“法海茫茫”“济度苦津”“韦驮护法”“佛国在彼”“法轮如意”“佛像诵经”等。每幅绘有罗汉一至数位，错落有致，远近呼应。罗汉高者近一米，低者不盈尺。其衣着、姿容，各具风貌，无一雷同；画面栩栩如生，观者如临其境。正像有人所概括的那样：“精妙之状，不可名焉。”

中

所贵难得之货，怎能使民不盗？《罗汉图》注定命运多舛。

1850 年，栖贤寺遭兵燹，一次损失《罗汉图》达 70 余幅。

1911 年，一名军阀从寺僧手中强行买走一幅。

1935 年，一名美国游客从栖贤谷浴罢归来，入寺歇息，忽见堂前所挂《罗汉图》，甚是惊讶，目放绿光。便问住持能印，是否出售？能印说，不可。美国人趁能印烧水空当，取下一幅，悄然卷逃，追之不及。

1938 年，星子沦陷。1940 年，星子县伪县长罗福初两次从栖贤寺共取走七幅《罗汉图》，取悦日军。

日军并不满足。1943 年重阳节前夕，驻星子日军百余人，前往栖贤寺夺画。星子游击队闻讯后，赶往途中堵截，双方在阮家牌发生遭遇战，日军败走县城。

数日后，日军又从周边调集数百人予以报复。将阮家牌、高家岭一带村庄焚毁殆尽。下午闯入栖贤寺，此时能印住持已随游击队进山，将《罗汉图》密藏于神龛之下。

日军搜索一遍，一无所获，便抓走了两名沙弥和七名山民，劫走法器如玉佛、舍利等。行前放火烧殿。附近广佛庵和尚率领僧众，将《罗汉图》抢救出来。

1944 年 2 月 7 日，能印住持请星子游击队扼守观音桥，自己同村民一道趁着夜色，将《罗汉图》用船运抵尚未沦陷的都昌县境内，呈交流亡于此的星子县政府代为保管。

抗战胜利之后，星子县政府却迟迟不归还《罗汉图》。1946 年 9 月 5 日，江西省政府主席王陵基视察秀峰寺，该寺住持广宁（星子县佛教协会主席）声请归还《罗汉图》事宜。

王陵基在呈文上批示："所呈文节，均属实情。委员长（蒋介石）对此古画甚为重视，自应准为发还。能印要前县长张国猷会同现任县长刘相共同负责，如数发还，并不得短少一轴，是为至要。"

同年 9 月 8 日，能印住持手持批文，走进星子县政府，将《罗汉图》奉回，重又供奉于栖贤寺。

下

然而，此事还远未完结。

1948年夏，外地来了一名法号“小颠”的和尚，年逾50，挂单栖贤寺，自称出家前曾是张学良的警卫，因少帅兵变不成，反受软禁，而看破红尘，乃出家为僧。此时，能印和尚已往九江龙泉寺住持，栖贤寺暂由副寺果一和尚负责。

小颠和尚常去星子县城访友，原来他与驻星子部队的一位情报营长是老乡。小颠和尚趁果一不备，盗走《罗汉图》一幅。见未被发现，又用松缎裹藏两幅。正欲出外，撞见沙弥，只好将《罗汉图》藏于僧房板壁间。

此时，地方绅士项作壁和江文荣同广佛庵住持广宁有隙，项、江两人风闻《罗汉图》被盗，特来查验，果真发现少了三幅。于是，他们向星子县政府告状：广宁盗卖《罗汉图》。

广宁虽为栖贤寺代理住持，但已多日不在栖贤寺。如此，就追究至果一，果一遂为星子县政府抓捕。

果一法师，俗家姓刘，名明益，1922年生于湖北省松滋县（今松滋市）农村。1945年剃度出家，法名果一，号道心。先后担任归宗寺维那、副寺。后移锡栖贤寺，任副寺。

狱中，果一回顾近期诸般人事，始觉小颠形迹可疑，提审时他说出了自己的看法。星子县法院速往栖贤寺捉拿小颠，岂料小颠已从营长处得知事情败露，去九江乘客轮逃之夭夭了。

接下来，果一自是难脱干系，在狱中羁押218天，饱受牢狱之苦。多亏狱友，他才最终洗尽冤屈。

狱友姓白，40多岁，原为49旅文书。49旅是国民党军在江苏招募的杂牌军，被解放军所败，在星子县整编。白某当初是自愿买壮丁入伍的，他精通文墨，被起用为文书。

数月后，白某奉命起草军令，通知各团务必于某日下午二时开拔至安徽蚌埠，与解放军作战。谁知军令竟出现了本不该有的失误，谬将“下午二

《罗汉图》局部
（左上）刮耳候友 （右上）羊车登途
（左下）云游相遇 （右下）坐麟出游

时”书为“午夜十二时”。部队行军整整晚了十个小时，致使一团士兵未能按时与主力会合，在途中被解放军全悉歼灭。白某遂有通敌之嫌，依军法当斩，被打入死牢。

随着战争的推进，开赴安徽作战的49旅全军覆没，在星子县的留守部队惶惶不安。白某获此信息，托人去找留守长官，请求保释出狱。该长官相信白某与共产党暗中有联系，想给自己留条后路，加上又是老乡，收了些银子，就同意保释了。

出狱时，白某分文皆无。果一向熟人借了几块银元给他做盘缠，并好奇地问他，“你是共产党员吗？”白某笑而不语。稍停，白某又低声说：“往后，我们南京见。”果一似乎明白了什么，就托他给法雨寺师兄带信，请其设法搭救自己。

果然，白某找到了法雨寺的新道法师。法师结识过江西警备部司令，便提请他派人到星子县重勘《罗汉图》遭窃案。这时，小颠藏在板壁间的《罗汉图》也已被发现，加上小颠的逃亡，便排除了果一作案的可能。

时隔七个多月，果一终被释放，得见天日。出狱的那一刻，果一走在星子县大街上，脚下有些飘浮，看着熙熙攘攘的人流，他流下了眼泪。此时，人们在悄声传递着解放军渡江的消息，果一意识到，这天，很快要变了。

1961年，果一迁锡东林寺，他为东林寺尽瘁二十余年，把一所残垣断壁的破落道场，中兴重建为庄严名刹。晚年，担任过中国佛教协会常务理事、江西省暨九江市佛教协会会长，以及江西省政协常务委员等职务。1994年示寂，世寿73岁，僧腊（出家剃度）、戒腊（受戒）各50年。

1949年以后，《罗汉图》仅剩110幅。九江地区文化部门将《罗汉图》调往庐山文物陈列室（庐山博物馆前身）收藏。

“文革”时，《罗汉图》被军民转移至密室，才得以秋毫无损。

“文革”后，庐山管理局划拨巨资，将《罗汉图》装裱一新，善加珍藏。

经多方寻觅，早年遗失的两幅图也已完璧，现在共有112幅。

《五百罗汉图》为国家一级文物，康有为称之为“庐阜镇宝”。

《墨子篇》

1936年夏，冯玉祥将军偕夫人李德全，一同游览观音桥，观摩南宋忧国词人张孝祥所遗“玉渊”题刻。

面对南宋词人遒劲有力的字迹，耳畔是玉渊飞瀑，声震林樾，国难当头，冯将军感慨良多，激起无限家国情怀。为表达此刻最强烈的内心感受，他振笔写下《墨子·尚同上》节录部分，姑名之为《墨子篇》。

全文252字，派石工镌于玉渊潭西壁。题刻面积70平方米，每字1尺见方，落款字迹也有五寸，均为他所擅长的隶书。笔力刚健，气势磅礴，披肝沥胆，形诸笔端。

书曰：“上之为政，得下之情则治，不得下之情则乱。何以知其然也？上之为政，得下之情，则是明于民之善非也。若苟明于民之善非也，则得善人而赏之，得暴人而罚之也。善人赏而暴人罚，则国必治。古者，天之始生民，未有正长也，百姓为人。若苟百姓为人，是一人一义，十人十义，百人百义，千人千义。逮至人之众不可胜计也，则其所谓义者，亦不可胜计。此皆是其义而非人之义，是以厚者有斗，而薄者有争。是故天下之欲同，一天下之义也。”

并作跋文：“此墨子之言也。昔贤者论道经邦，盖欲天下后世知所取法，奠国家于磐石之安。余游匡山，如入桃源，因冀国家之治，安如庐岳，特节录墨子之语，镌石于此，以告当世，亦藉以志鸿爪云尔。”

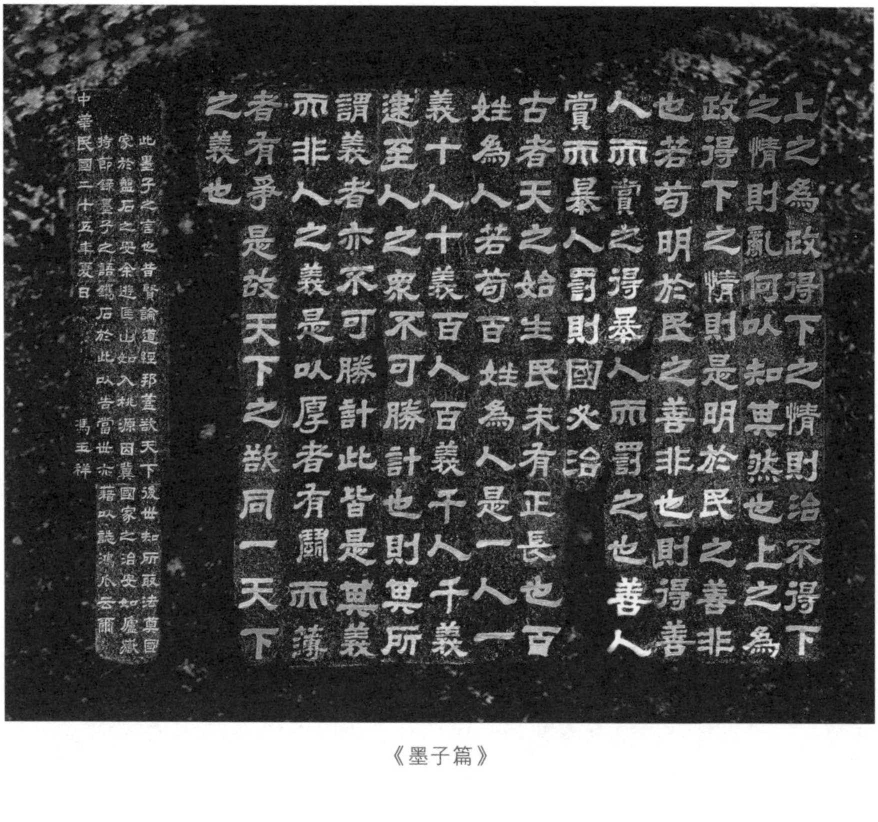

上之為政得下之情則治不得下
之情則亂何以知其然也上之為
政得下之情則是明於民之善非
也若苟明於民之善非也則得善
人而賞之得暴人而罰之也善人
賞而暴人罰則國必治
古者天之始生民未有正長也百
姓為人若苟百姓為人是一人一
義十人十義百人百義千人千義
逮至人之衆不可勝計也則其所
謂義者亦不可勝計此皆是其義
而非人之義是以厚者有鬭而薄
者有爭是故天下之欲同一天下
之義也

此墨子之言也昔賢論道經邦蓋欲天下後世知所取法奠國
家於盤石之安余遊匡山如入桃源因冀國家之治安如廬嶽
特節錄墨子之語鐫石於此以告當世亦藉以誌鴻爪云爾
中華民國二十五年夏日 馮玉祥

《墨子篇》

1948年，冯玉祥接受中共之邀，乘苏联轮船“胜利”号，由美返国参加首届政协会议，不幸中途遇难于黑海。

四大名泉

栖贤寺周围有四大名泉：橹断泉(寺东南)、柘龙泉(寺西南)、骆驼泉(寺西)、飞锡泉(寺西北)。

橹断泉

东晋时，大将军王敦反叛，欲夺帝位。

一日，他在建康邀许逊等人宴饮，席间他说，昨夜梦一木破，诸位以为如何，是否吉祥？许逊等人知其有反意，于是就这样释梦：“木上破天，乃‘未’字，公欲用兵，未可轻举妄动。”

王敦不悦，遂起杀心。许逊等人早有预料，立即乘船逃走。王敦追兵赶来时，船已至江中。许逊启用法术，呼来二龙，挟船腾飞。并嘱众人紧闭双目，不得窥视。

船穿云破雾，直上晴空。当飞临庐山紫霄峰上空时，只听得船底擦过树梢时发出的沙沙响声，众人忍不住睁眼偷窥，二龙大怒，弃船而去。

蓦地，飞船坠落，盘旋而下，止于紫霄峰旁的石门洞边，化作铁船峰。船橹落地，一断为二。奇怪的是，橹断之处，甘泉生焉。职是之故，遂有橹断泉。

另据陈舜俞《庐山记》记载：“栖贤之东有橹断泉，因吴猛得名。盖与

橹断泉
橹断泉

紫霄峰之觵底池同一故实。”

飞锡泉

智常禅师住持栖贤寺时，手持锡杖，就地一戳，泉即涌出。之后，涝不满溢，旱不枯竭，保持均衡。

木匠张理正回忆，他很长一段时间住在栖贤寺，饮用的是飞锡泉水。祖母曾说，“文革”中很乱，担心有人在水中放毒，她叫大叔张仁佐将两条活鱼放入泉水缸中。

过了两天，祖母做豆腐，还看见两条鱼乌黑的脊背在水里游动。用瓢舀水时，两条鱼还抢着水瓢带下的豆腐渣吃。可是，稍晚些时候，鱼却忽然不见了。

于是，祖母问大叔，是否把鱼抓走了？大叔说，没呀。祖母觉得蹊跷，就吩咐大叔说，换一下水吧。可是，直到水缸见底，也没看见那两条鱼。祖母说，难道是菩萨显灵不成？

一年，栖贤峡谷上游建水库，许多民工借住张理正家。有几个人从家里回来，直接去泉池舀水喝或洗手，或许是接触过不洁之物，中午泉池竟断水了。祖母让头一天去过家里的几人从竹笕接水，煮沸泡茶，去大殿上供佛。这天晚上，泉水又流出来了，家里又储上了满缸的清水。

镇寺八宝

栖贤寺曾有镇寺八宝：《五百罗汉图》、舍利子、铜塔、白玉佛、玛瑙炉、玉带、漏沙锅和风宝筒。除《罗汉图》尚存 112 幅之外，其余尽毁于抗战或“文革”。

漏沙锅

有这样一则关于漏沙锅的逸事。有人曾问栖贤寺的厨师，听说这是只漏沙锅，真的吗？厨师说，我可没试过，但我相信，因为它是从祖师爷手里传下来的。那人便说，那好，今天我们不妨试一下，怎么样？

厨师笑了笑，但不置可否，他事多着呢，不想自找麻烦。他想，相信的事情不一定都要着意去证实，何况很多事处于信和不信之间，将信将疑最好，又何必去弄清楚？

谁知这个人很较真儿，他悄悄地抓了一把沙子撒入锅里，并自言自语地说，我倒要试试这只漏沙锅灵不灵。平常不怎么在此吃斋饭，这天中午他留下来了。结果，他暗暗叫妙，因为果真没吃到沙子。

20 世纪中叶，有人在观音桥还见过这口锅。张玉麟老人回忆，那口锅很大，大炼钢铁时被收购，当废品处理了。

有好事者分析，漏沙锅的底部有一个小洞，煮饭时，沙子重，水沸腾时，沙子就会汇聚在底部，从洞眼中一一漏出。之所以漏沙不漏水，因为洞眼细微，尚不足以漏水，即使稍有渗漏，水滴很快就被灶里的明火汽化了，所以并不会影响煮饭。

风宝筒

其时，李渤在石人峰下隐读，常过涧去东面一片树丛中读书。那里十分幽静，除从对岸不时传来的声声梵呗外，就只余松涛和溪声了。李渤有时从书本上移开目光，即是满眼葱绿。稍一游目，就可俯瞰下方玉渊潭白花花的水流注入深潭。

此潭非常潭，栖贤大峡谷众多水流汇聚于此，争相夺路而过，所以，玉渊潭喷雪奔雷，气势磅礴，活生生就是一条真龙的化身。

一日，玉渊升起一缕白烟，在水面化作一位妙龄女子，凌波微步，婀娜多姿，她是龙王的女儿，常在峡谷间游玩嬉戏。这天，她闻到清新的山野中有一种书卷气息，不由得沿路寻觅。她看见一片小小的林间空地上，一位白面书生在悉心看书，他模样俊朗，气度不凡，龙女心中窃喜。

她轻轻地吹了一口气，他身边的树叶立即哗哗作响，枝条也轻轻舞动。李渤赶紧整理书页，将身体侧移，挡住风向，继续看书。小龙女又伸出纤指，对空轻弹，霎时，雨点穿过树丛，啪啪地直落下来。李渤惊讶地看了看天空，丽日晴空，何以有雨？他摇了摇头，将书本轻轻合上，藏进衣襟，静待雨过。

回去，小龙女对龙王说如是，并表达了想送一间亭子给书生的意愿。龙王说，此事何难，待我亲去证实，再送不迟。果真，女儿所言不虚，龙王大悦，一夜间，李渤读书处凭空多出了一翼亭子。

次日，栖贤寺和尚见此，甚是奇怪，然而亭子美则美矣，只是无顶，不免美中不足。是夜，一个顶子从天外飞来，落在上面，严丝合缝，不差毫厘。且顶上置一青灯，光焰如昼，风大不熄。往后，李渤白天黑夜均可在此用功，他不时与智常论道，不知尚有世外。

李渤后来出山为官，龙王遂收回此亭。栖贤寺和尚怀旧念故，建亭凡三次，三建三毁，皆为狂风所折。有谓：此乃龙王建亭之所，为人力所不及也。和尚无奈，植下四棵松树，以记其旧址。

龙王收回亭子之后，将亭子的顶部缩小成一盏灯，置于栖贤寺，以作纪念。那是一盏青油灯，风吹不灭，雨淋不熄，是为“风宝筒”，为栖贤寺宝物之一。有村民曾亲眼见过，或谓为日军所劫，有说为“文革”所毁，不知其终。

一位老先生题诗曰："飞来亭址玉渊隈，一片荒芜长绿苔。亭昔飞来今复去，问亭何日复飞来？"

《南康志》云："飞来亭，唐大历中因风雨飞来，故名。半石半木，以祀观音，今废。"

栖贤寺后数十步，有一口两丈见方之水潭，传说皇帝或为巡视或为战争途经此地，所骑之马产下一子，在此洗浴，该潭遂称"洗马池"。

舍利子和铜塔

据吴炜的《续庐山志》："寺有新得舍利，出三峡桥西麓。"所说乃康熙六年（1667），石鉴禅师重建栖贤寺，在观音桥西掘得舍利一瓶。

释函昰《金利铭》载："本夏四月初旬，于石桥之西麓下得舍利，大如豆，小如菽，皆五色莹澈，玻璃瓶载，以瓦函，函上小石刻'皇宋咸平庚子岁建此舍利塔'十二字。"所获舍利子共十三粒。

《庐山志》记载，舍利子"大如黄豆，有若宝石者，若玛瑙者，紫色者，玻璃者，五色者，都不甚圆。有光气，僧言尝夜至，自塔中放光，观者疑为野烧云。其小者略与碎珍珠同，亦兼数色"。

舍利子以玻璃瓶装，外面是石钵，钵外是一层石函，藏于铜塔之内。铜塔建于康熙三年（1664），称"大明铜塔"，立于大雄宝殿后。1946 年，舍利子仍在寺中。

白玉佛　玛瑙炉

栖贤寺曾有一尊白玉佛，两尺高，来自缅甸。玉佛前放置一座玛瑙香炉。二者均下落不明。

玉带

康熙壬申年（1692），江西巡抚宋荦游栖贤寺后，仿苏轼留带金山寺，亦将所佩玉带慨然解下，留与栖贤，以镇山门，并于玉渊潭边刻下“宋大中丞留带处”。

宋熙宁四年（1071），苏东坡出任杭州通判，路经润州（镇江），访金山寺住持佛印禅师。

佛印正高居法座讲经说法，见苏轼来，便高声问道，学士从何而来？此地可没有您坐的地方。

苏轼说，既然没有，何不暂借大师的四大（地、火、水、风）做禅床？

佛印说，贫僧有一上联，学士若能对出，当从所请；若对不上，请留下玉带，做我镇山之宝，如何？

苏轼欣然应允，并解下玉带。

佛印念道：“四大皆空，五蕴非有，学士欲于何处坐？”

苏轼一时无语，对答不上。

佛印忙含笑将玉带收起，继而，取来一袭袈裟，赠予苏轼，并赋诗两首，暗示苏轼离开仕途，穿上衲衣。

佛印曾住持星子县归宗寺，苏轼被贬黄州时，多次来此访师。

此后，便有杨文襄仿效坡公，留带焦山（镇江定慧寺）。宋荦游栖贤后，顿起雅兴，亦效杨公留带栖贤寺，并请书画家罗牧书写，南康府太守李元鼎刻石。

事后，宋荦在《游庐山》中写道：“……玉渊得一奇，深潭注寒碧。叶落鸟应散，中藏蛟龙宅。林际开宝坊，钟鱼震幽僻。讲堂倍寂寥，缅怀读书客。连蜷双桂树，攀条足晨夕。解带镇山门，佳话传自昔。我匪苏杨俦，一笑踵其迹……”

铁菩萨

2014年，村民许捡崽歇工后，透露给张半仙一件事情。张半仙又将其告诉栖贤寺。事关铁菩萨。

抗战时期，村民将栖贤寺一批铁铸的菩萨转移到寺东北的坛场隐藏起来。这些生铁铸成的菩萨，外观涂了黑漆，大的要四人抬一尊，小的一担可挑两尊。

大炼钢铁时，村民不得不再次将其转移。

这回把菩萨运到寺庙与上太乙村的交叉口，也就是刘家门口。那里有几块田地，一丛竹林，还有一个三米见方的漏斗形深坑。四个村民整整搬运了一天，才把菩萨运完，然后上覆一层泥土。

附近有一株笔直的杉树。有僧人预言，等到这株杉树死了，大概70年光景，这些菩萨才得以重见天日。

2014年，从那里路过的老村民看到那株杉树叶子黄了，顶上枯萎了，掐指一算，刚好70年，该是菩萨重见天日的时候了。

于是，四位老人中最后一位幸存者许老汉，一位泥工，方将这个秘密告诉了自己的儿子。他说，你去找张半仙，他与庙里有来往。许老汉的儿子就是许捡崽，以炸石头为生。

后记

2013 年前后，我常去栖贤寺，至今已数个年头。在时来时往的寺居日月里，颇有所得。从这个意义上说，本书可以看作我学道的一点心得。不敢自密，因以献芹。

书名《庐山禅行》，取意为于庐山体味禅林修学之旅。

全书主要以“钟鸣板响”“云水禅心”“因指见月”“缘来缘去”和“本来无一物”五个方面为基本内容。其中，“钟鸣板响”占绝大部分篇幅，记录山居时所见所闻所思；“云水禅心”，讲述传奇人事；而“因指见月”则记述高僧大德；“缘来缘去”写寺院过往名流；“本来无一物”乃历数栖贤曾有的家珍。

通过对栖贤寺山居点滴的真实记录，对自然、人文的客观叙述和状写，意欲以点带面，探究庐山佛教文化之意蕴、人与自然泯一的融洽关系，以期管窥庐山真面目于万一。

成书过程中，首当感谢栖贤寺住持祥浩法师不吝赐教，多方开示，于文稿提出宝贵意见，并对部分章节予以修订。感谢王忠芳、李敏、何柳凝提供精美图片。还要感谢所遇各位有缘居士友情襄助。

然而，日居月诸，我果有所得否？否也！我于栖贤实无所得。无限甚深微妙法，穷其一生尚难窥其堂奥，矧我根性愚钝，福德浅薄，更不可赜其渊玄，故文中错谬实所难免，伏望诸位大德原宥，予以教正。

2018 年 8 月 20 日